マッキーヴァーの
政治理論と政治的多元主義

R.M.MacIver's Political Theory and Political Pluralism

町田 博

東信堂

はしがき

ロバート・モリソン・マッキーヴァーが生まれたのは一八八二年で、没したのは一九七〇年である。この間に発生したことは、あらゆる領域における大きな変化であった。政治の世界では、社会主義国家の成立、二つの世界大戦、国際連合などの国際機関の成立、人権や公民権を主唱する政治運動など、経済の世界では、恐慌の発生、自由主義経済と計画経済の優位競争、巨大企業の発生、多国籍企業の誕生など、社会領域では、都市化や世俗化の進行、大衆化状況の拡大など、物質文明の領域では、製品の多量化・多様化、航空機など交通手段の発達、モータリゼーションの普及などである。

このような変動の時代にあって、社会学者として、また政治学者として、主に社会学領域と政治学領域の諸問題に取り組んだ社会理論家の一人がマッキーヴァーであった。かれが活躍した時代はすでに社会科学の分化が進行していたのであるけれども、かれは、これら両領域のそれぞれにおいて多大の成果を上げただけでなく、社会科学者として、社会科学のあり方と全体としての社会とは何かについて論考を試み、政治思想家として、政治思想の世界で一時代を築いた多元的国家論者の一人として数えられるに至ったのであった。マッキーヴァーの主要著書のひとつである『政府論』が出版されてからすでに半世紀が経過しており、その意味からいえば、かれは古い時代の理論家であるといえなくもない。しかしながら、かれの理論や思想には現代社会、現代政治をみるにあたっても決して看過できない興味ある視点や論点が展開されていたように思われるし、それが本書の諸論を試みようと思った理由でもある。

マッキーヴァー理論の現代的意義として第一に挙げるべきものはコミュニティ論を展開したことであろう。各章でも再三紹介し、その意義を強調しているように、基礎社会、基盤社会としてのコミュニティがかれの理論のキー概念中のキー概念であり、かれの社会理論、政治理論の母体となっている基本概念であることである。コミュニティ論は、社会全体について考えさせ、政治と社会全体との関係について問題提起をしているだけに、東洋的共同体やナショナリズムにみられる共同体の幻想等が話題となったりする現代において、古くて新しい課題を改めて考えさせるきっかけになるのではないかと思う。なお、今日、この用語は地域社会論領域でしばしば使用されているのであるけれども、その端緒となったのが『コミュニティ』であったことはいうまでもない。

第二はパーソナリティ（人格）概念の提起である。かれのパーソナリティ論は人間論を展開しているところに特徴がある。政治思想家は過度に何かの要素を強調する人間像を前提に思想や理論を展開しがちであるが、マッキーヴァーは普通の日常人に先ず注目し、日常人のパーソナリティが個性と社会性から成ると考えたのであった。そして、パーソナリティの発展はコミュニティの発展と同時的に進行すると考えたのである。この理論は、政治的人間の前にパーソナリティをもつ全体としての個人があることを想定しているのであるから、コミュニティ論と同様に、政治や政治的人間を論じるときには個人や人間のあり方が検討されなければならないことの必要性を問題提起したといえるし、個人や人間と社会のあり方が問われるべきであることを問題提起したものである。個別科学や個別社会領域に視野を限定しがちな現代社会の状況にあってこの種の問題提起の意義は軽いものではない。

第三は世界社会論の展望である。かれの基礎社会あるいは基盤社会としてのコミュニティは最終的には世界社会となりうるものである。この意味のコミュニティは、十全に成立しているという意味では、目下のところ、国民社会以上の域をでていないし、近い将来に、その種の世界規模のコミュニティが成立する見通しはないが、政治理論上の展望として世界社会を想定したことは、究極的には、人々がこのレベルのパーソナリティに到達することへの期待であるとともに、国民社会レベルのコミュニティとそれに対応したパーソナリティにとどまっている限り、現在の国家以上の政治結社にはなりえないことを示唆するものである。

第四は民主政治論である。かれの民主政治論はコミュニティ論と密接に関連している。国家、政治制度、政治機構、政党に関する議論は現代政治論としてはありふれた議論であり、改めて検討すべきものでもないともいえるが、民主政治を問う際の根底部分についての議論は現代でも常に考量に入れておくべきものであり、マッキーヴァー理論の問題提起は十分検討してよいものであろう。

第五は政治的多元論に関するものである。マッキーヴァーは多元的国家論者として名高いし、多元的国家論は、この理論が隆盛を誇っていた時代にすら、その現実政治への有効性に疑問がだされていた。しかしながら、多元論や政治的多元論が問題にしてきた一元論や一元的国家論批判、全体主義国家、権威主義的国家、独裁国家などへの批判は正鵠を得たものであり、一元論に基礎をおく政治論や政治体制が、過去においても、現在においても、常に理論展開されたり、実在したりしていることをみるとき、政治的多元論が展開した論旨は十分に留意しておくべきことである。

右記に示されるように、マッキーヴァーの政治理論には多分に理想主義的な面が感じられる。しかしながら、いうまでもなく、かれは実証性を重んじた社会学者でもある。そのような素養のある理論家が、社会学の成果にたって社会を分析し、認識しながら、調和的発展の社会哲学ともいってよい立場を示す政治理論を展開したことは十分注目してよい。この前提にコミュニティ論やパーソナリティ論があったことはいうまでもないし、このことは、政治理解に当たって社会論の重要性を示すものであろう。

町田　博

目　次／マッキーヴァーの政治理論と政治的多元主義

マッキーヴァーの政治理論と政治的多元主義

序章　マッキーヴァー政治理論の特質と背景

第一節　はじめに

R・M・マッキーヴァーは政治学や社会学の理論書においてしばしばみかける名前であるにもかかわらず、必ずしも、メジャーな位置づけをされてきたとはいいがたい。今日、かれがもっとも話題となる領域はコミュニティが論じられるときであろうが、それはかれの代表的な著書が『コミュニティ』であったことにもよる。しかしながら、現代の大部分のコミュニティ論は地域社会論であって、そこで使用されているコミュニティ概念は『コミュニティ』論の内容と大いに関連があるとはいえ、同書が論点としたものの一部に過ぎず、同書でかれが意図したものはもっとはるかに広範かつ豊富な内容を含むものであったことは間違いない。マッキーヴァーは社会学や政治学領域において多大の業績を残し、後世の人々に着目されてよいものを残しているにもかかわらず、社会思想史分野においても、政治学や社会学の領域においても、J・ロック、J・ルソー、K・マルクス、M・ヴェーバーなどと比肩する位置を与えられてきたとはいいがたい。

後章においてみるように、われわれは、マッキーヴァーを政治理論の領域において、従来考えられてきた以上に重要な論点を内包していた理論家と考えている。このことの意味や個々の点については、個別の論文としてまとめた後章を読んでもらうとして、序章である本章では、これまでに書いてきたものを補足するとともに、リベラル・デモクラシー理論史ないしは政治理論史(政治学史)、多元的国家論、社会学史におけるマッキーヴァーの位置づけに焦点を合わせて論を進めてみたい。

第二節　リベラル・デモクラシー理論とマッキーヴァー理論

マッキーヴァーはアメリカ社会学会の会長を務めたことがあるほどに社会学分野において著名な人物であり、多大の業績を残した理論家である。しかしながら、かれの社会学に関する主要な著書をみると、どこかに政治学に結びつく論点が展開されていたことに気づくのである。事実、かれの社会理論や社会学は常に単なる社会分析や社会学的客観分析を超えたものを内包していた。この社会学を超えた部分こそが政治学に関連するものであり、これは単に政治論に結びつく契機を有していたというだけでなく、かれの主要な関心のひとつが政治論であり、政治理論であったということである。しかも、スコットランドで生まれ、カナダへの移住を経て、アメリカ合衆国においてその生涯を終えたマッキーヴァーにとって民主主義国家は当然に高く評価すべき国家であった。かれの政治観と民主主義観がどのようなものであったかは後章に譲るとして、本節では、リベラル・デモクラシー史や政治理論史におけるかれの理論の位置づけをしておきたいと思う。先ずはリベラル・デモクラシー史上の位置づけである。

リベラル・デモクラシーの出発点にあるのが社会契約説と考えてよいであろう。社会契約説が展開された時代は市民革命が発生した前後の時代であった。しかし、当時は、未だ市民政治が成立していたとはいえず、市民が象徴的に語られた時代であった。このような事情もあって、社会契約説はリベラル・デモクラシーの萌芽期の時代の特性を示していた。その特徴を要約すれば次のようなものがある。

第一は政治理論の原点として個人がおかれたことである。これは神学思想が支配していた西欧中世や、王権神授説に君主権の根拠を求め、君主が政治の主体とされた絶対王政の時代とは決定的に異なる近代的特質であった。少なくとも理論的に、個人が政治の主体として位置づけられたのである。

第二は個人観である。かれらの理論によれば、個人は当然に自然権を所有する人としてみなされた。自然権の内容は論者によって様々であるけれども、自由権、生存権、平等権などを個人が当然に所有するものであると考えられた。従って、これらは天賦の人権であるとみなされたのであった。

第三は国家や市民状態についての考え方である。社会契約論者は自然権を持つ個人からなる社会を自然状態と名づけたのであったが、この自然状態は欠陥のある社会であり、克服の対象であるとされたことである。克服された後の望ましい社会が国家、社会状態、市民状態、共同体(協同体)などの名前で呼ばれたものである。

第四はこれらの観点から、国家は自由、平等な主体である個人から形成されるべきであるという理論がロックやルソーなどの有力な社会契約論者によって展開されたことである。このことがリベラル・デモクラシー論の最も基本的な要件のひとつである人民主権論であったことはいうまでもない。

第五は自由、平等、社会状態、市民状態などがいずれも抽象的な理念として語られただけでなく、論者によってその中身は異なっていたことである。そして、このことがリベラル・デモクラシー理論家としてのかれらの特性を示すことになったのである。

ロックの場合、所有権に着目したように[1]、当時の市民階級の立場と思想を表現したものであった。他方、ルソーの場合は、『人間不平等起源論』にみるように不平等が社会の大きな問題として認識されていたし、代議制に疑問を表明し、市民が自分の手ですべてを行なう政治を理想としたように、政治に対する人民の係わり方が問題提起されていた[2]。このように、社会契約説は自由主義や民主主義の出発点として位置づけられるとはいえ、すでにこの時代にリベラル・デモクラシー論においてその後しばしば論争の的となる自由と平等や参加を始めとした課題が萌芽的な形で現れていたともいえるのである。

リベラル・デモクラシー史の次の段階は功利主義学説の登場である。J・ベンサムやJ・S・ミル等の功利主義者は政治の主体が個人であるとした点において社会契約論者と違わないのであるけれども、政治の主体である個人や自由の根拠づけにおいて異なり、功利性の原理に基づかせ、自由主義の立場に立った議論を展開したのであった。このように、根拠づけの変容がみられたとはいえ、社会契約説以降、個人と国家や自由と権力の問題は、個人の自由と国家権力の問題としてリベラル・デモクラシー論において長い間最大のテーマであったのであるが、この、いわば、市民国家の基本テーマに新しい課題を投げかけた大きな出来事が選挙権の拡大であった。

選挙権拡大に関連した大きな出来事のひとつは経済社会の変動であった。産業革命の後、産業社会が出現した。この進行の過程で都市化や生活水準の向上がみられ、人々に余力が生まれるとともに、社会活動も活発となり、社会の分化も始まった。それとともに、多くの集団も発生し、政治、経済、文化、その他の部分社会が成立し始めた。他方、資本主義経済の発達は階級分化を生み出し、階級対立が鮮明になってきたのである。

選挙権拡大に関連するもうひとつの状況の変化は、右記にも関連することであるが、人々の政治的権利の拡大である。最初は中産階級、次には労働者階級、そして女性の選挙権獲得が目指され、現代の民主国家では普通選挙制度の実現を見たのであった。

これらの出来事が進展する過程で政治社会の変容が現れた。たとえば、普通選挙制度の実現はリベラリズムとデモクラシーの妥協という性格を有していたということである。普通選挙制度確立の過程で歴史的に重要な役割を果たしたと言ってよい功利主義学説の場合、先のベンサムやベンサム主義者たちは中産階級の選挙権獲得に重要な役割を果たし、平等の拡大に寄与しただけでなく、自由な経済活動の担い手の権利獲得のために寄与したのであった。他方、労働組合や社会主義政党の出現は労働者階級や無産者の政治的権利の拡大を導いたのであった。これらの出来事は、一方は自由主義的権利の発展に、他方は民主主義的権利の拡大に結びつくものであったのであり、それより前の時代の市民階級が獲得した権利を含めた前者の権利は自由主義的権利とこれを支持する勢力の利害を代弁するものであり、後者は労働者階級を始めとした人々の社会権の獲得とそれを支持する勢力の利害を代弁するものであり、これらの勢力間の妥協が成り立ったもののひとつが普通選挙制度の成立でもあったのである。

このような事情から、民主主義国家を標榜する国家は、単に個々の権利の保障を、憲法や法律等に規定するだけでなく、国家の理念としてリベラル・デモクラシーの諸理念を掲げることになるが、リベラリズムが目指すものとデモクラシーが目指すものとは必ずしもすべてが一致するわけではなく、対立の契機を内包しているために両者の理念の対立契機とそれぞれの理念を支持、実現しようとする勢力間の緊張関係が常に存在することになったのである。歴史実態としての国家は、国家体制が不安定になっていたり、国家の基本原理に決定的な対立がある場合には、基本理念そのものが論争や対立の原因となるけれども、基本理念の受容がなされている場合は、理念の具体的実現に関心が移行するのが一般的となる[3]。

一九世紀後半から二〇世紀初頭にはI・カントやG・ヘーゲルの影響を受けた理想主義政治哲学者と呼ばれた理論家たちがイギリスに現れた。T・グリーンは共同善を、B・ボザンケは真実意志の存在を主張し、しかもそれらの実現を国家の行動や国家自体のうちにみようとした[4]。かれらの思想は福祉思想や社会福祉政策に結びつくものがあり、国家権力への無警戒ともいえる楽観主義に問題はあるとはいえ、その点においてリベラル・デモクラシー的要素を有していたといえるのである。

二〇世紀に入ると、リベラル・デモクラシー論に新たな展開がみられた。オーソドックスな流れを汲むものとしては多元的国家論の出現があるが、多元的国家論は次節のテーマなのでここでは触れない。この他では、社会主義思想の影響も大きい。社会主義思想自体は一九世紀に入り活発になった思想であるけれども、二〇世紀に入り社会主義国家の成立によって、この思想はリベラル・デモクラシーの立場に立つ人々にも大きなインパクトを与え、この思想に対抗するためにも、リベラル・デモクラシーの立場から実質的な民主主義を考える研究者も現れた。J・シュムペーターは資本主義と社会主義を民主主義の連関の中に位置づけようとしたし[5]、F・ハイエクは自由主義の立場から、社会主義者や福祉国家論の批判を行い、後にリバタリアニズムと呼ばれる思想に通じる論を展開したのであった[6]。

もう一つは行動科学派と呼ばれる一連の人々の登場がある。これらの人々はリベラル・デモクラシーの一般原理や基本理念は問題にするまでもない当然のこととして受け止めていたと考えてよい。従って、問題は原理や理念をいかに実質的なものとするかにあったといえようが、一般に、直接の関心はこの点にあったわけではなく、リベラル・デモクラシーの理念に従って形成されている政治社会、つまり、政府、政治制度、政治機構などの制度や機構の作用、政治に係わる集団や個人の意識や行動の分析に関心の力点をおく傾向があった。

一般的にはこのようにいえようが、この学派に属すると思われる人々の間にも理念や価値の問題に関心を示す人々がいなかったわけではない。たとえば、R・ダールの場合、現代民主主義国家が抱える本質的な課題を自由主義の理念と民主主義の理念をいかに折り合わせるかにあるとして、両者の要素のバランスある政治体制の成立を模索し、そのための歴史的検証と可能性をアメリカ合衆国等の研究を通して論じてきたのであった[7]。

それはともかく、第二次世界大戦後のリベラル・デモクラシーに関する論議をみると次のような特徴が見られたように思われる。

第一は政治社会全体をテーマとする議論である。オーソドックスな民主主義論、リバタリアニズム、コミュニタリアニズムなどがこれに該当する。これらの理論で主張されているのは究極的にはイデオロギーに至るものであり、最も基本的な対立点は自由や平等の評価に関するものである。いずれにしろ、これらの理論は政治社会全体を論じることを課題とするだけに政治社会のマクロ、メゾ、ミクロのいずれのレベルについても言及するのが一般的である。

第二に、リベラリズムとデモクラシーの関連についていえば、前者の場合、自由の尊重ということを強調し、政治制度としては議会制民主主義を主張する傾向があるのに対し、後者においては、政治社会全体の制度としては、巨大化した現代社会にあって議会制民主主義は必要やむをえない政治制度として受容するとはいえ、その他の分野における直接民主主義的要素をいかに組み入れていくかが重要な課題として捉えられ、それを実現するための模索をする傾向がみられる。

第三は社会構造を視野に入れたリベラル・デモクラシー理念の実現のあり方が問われるようになったことである。多極共存型デモクラシー論などにその種のものの典型をみることができるであろう。

第四は政策連関での民主主義が大きな課題とされてきたことである。政治学では、かつては国家のあり方や政治制度のあり方が政治学の主要な話題であったが、現代では、それだけでなく、政策の実現と政策決定過程における権力、理念、機能の関連が主要な関心となってきている。これらとの関連で民主主義をいかに意味あるものとしていくかが課題となっている。

リベラル・デモクラシー論にみられた右記のような推移の中でマッキーヴァーをどのように位置づけることができるのであろうか。

二〇世紀の初頭に活躍をし始めたかれが時代の影響を受けたのは当然のことであった。スコットランドで生まれ、青年期を過ごしたマッキーヴァーにとって、スコットランドにおける地域共同社会つまりコミュニティの生活はよいイメージのものとしてかれのなかに刻印されており、かれはコミュニティを高く評価していたといわれていて[8]、その後の生活の場であったカナダやアメリカ合衆国での経験を含めて、自由主義的価値観を共有するこれらの国々で生活することによって、リベラリズムの思想と感覚がかれの血肉となっていたと考えてよい。後章でみるように、かれのリベラル・デモクラシー論はまさしく英米思想のオーソドックスなリベラリズムの系譜に位置づけられるものであり、二〇世紀初頭のこの系譜の典型的な理論の一つであったのである。

では、政治学ないしは政治理論としての位置づけはどうであろうか。

マッキーヴァー政治理論を理解する場合、近代以降に限定して考えて問題はないであろう。この意味で言えば、ここでもまた、社会契約説が近代政治理論史上最初の本格的政治理論であったと考えることができる。社会契約説を政治理論としてみると次のような特質があったことが分かる。

第一は個人と国家が基本テーマとなっていたことである。このようにいうことは、もちろん、社会契約論者たちが政治の他の部分に関心をもたなかったというわけではない。しかし、何といっても中心的テーマとなっていたのは政治体の基礎である個人であり、個人から成る国家ということであったし、このテーマはその後も政治論において主要テーマとして論じられてきたのである。

第二は政治理論が規範理論として展開されたことである。これは、古代ギリシア時代以来の当為論の伝統でもあり、現代にまで続いている理論特性でもある。とくに、ロック理論で展開された国家権力と個人の自由という課題はその後の政治理論の基本課題として論じ続けられてきたテーマであった。

第三は国家と社会の区別が不明確なことである。社会契約説が展開された時代、政治と社会の分化が一般的ではなかった時代であったことから、国家と社会の区別はなかったといわれている。

第四は国家(政府)形態論や政治制度論が展開されたことである。たとえば、ロックは君主政、寡頭政、民主政の三国家形態について論じたし、立法権、執行権、連合権の関係、君主大権の位置づけ、立法府と執行府の関係についても論を展開したのであった[9]。

社会契約説以降、市民革命の発生、中央統治機構を持つ国家の安定化、市民階級の力の増大などもあって、少なくとも、民主主義を論じる場合、個人からなる国家は当然の前提条件となり、課題は自由の内容や政治制度論・政治機構論が中心となったのである。先の功利主義学説や理想主義政治哲学が前者の例であり、民主主義国家における政治制度のあり方について論じたJ・S・ミル、W・バジョット等が後者の例である[10]。政治制度論や政治機構論の場合、かれらを含む先人たちの研究成果を学びながら、実態政治の中で、民主主義国家により相応しい制度や機構をいかに構築するかという形で研究され、論じられてきたのであった。

一九世紀に入ると社会学の成立があり、社会主義理論の登場をみた。これらは、科学性や法則観に違いがみられたとはいえ、科学性、客観性、実証性を主張し、重視し、社会法則の発見や類型化等の試みを行った。また、政治学の領域では、国家や個人が論じられただけでなく、階級などが注目されるようになり、それらの分析やこれらの概念を基本とした理論化が行われるようになった。

二〇世紀に入ると、A・ベントレーによる伝統政治学の批判が行われ、規範理論や国家概念への疑問が提示され、政策決定過程や集団への注目が主張された。その後、行動科学派と呼ばれる一連の人々の登場があり、心理学や文化人類学などを活用した政治学も現れた。近年では近代経済学の手法を使った政治分析も現れたことは周知のとおりである。このように、政治学は一方で客観化、法則化、類型化の道をたどっているが、他方で、J・ロールズの正義論や多極共存型デモクラシー論のような規範理論の展開もある。研究対象も、国家論もあれば政治機構論もあり政策決定過程分析もあり、政治社会のマクロ、メゾ、ミクロのあらゆるレベルの理論や分析も試みられているのが現状である。

社会を論じるに際し、規範理論のみでは人々から受け入れられなくなった時代に入り、かれ自身が社会学者として世に出たマッキーヴァーにとって実証性を確保することは当然のことであった。かくして、かれは当時の社会学の用語を使用し、概念の定義をし、これらを政治分析に適用しようとした。さらに、それだけでなく、国家や権力構造の形成と要因史や類型化、政治・社会要因の国際政治への影響などの歴史社会学の検証に努めたのであった。そこには、概念や法則観は異なるとはいえ、マルクスやヴェーバーらと同様のものがみられたのである。

社会理論の範域という面からみると、マッキーヴァーの取り上げたものはマルクスやヴェーバーに比較して明らかに狭い。これは社会科学の分化がかれらより進んだ時代にかれが活躍したということでもあるけれども、かれの研究対象領域が、『コミュニティ』や『政府論』にみるように経済社会論の展開がいくらかみられるとはいえ、政治学と社会学の両領域に関心と重点がおかれすぎているという印象は否めない。

政治学に限定してかれの議論の特徴を整理すると次のようなことが指摘できる。

第一は政治がコミュニティや人間論との関連で理解されていることである。マッキーヴァーにとってコミュニティは個人にとっても社会にとってもまさしく基盤として位置づけられる性格のものであった。そして、それが社会や人格（パーソナリティ）の発展および民主主義に関連づけて論じられたところにかれの理論の特質がある。

第二は右記と関連するが、個と全体の関連で論が展開されていることである。これは社会分化が想定されたことによって、社会分化の結果現れた部分社会と、それだからこそ社会全体が見据えられなければならないという問題意識が常にあったということでもある。

社会契約説の時代には、一般的にも、理論的にも、政治と社会の分化の意識は明確でなく、いくらかあったとしても漠然としたものであった。アダム・スミスやカントあたりになると両者の相違がみえ始め、ヘーゲルやＪ・Ｓ・ミルになると明確になってくる。マッキーヴァーは全体社会としてのコミュニティと国家や政府を含む部分社会としての政治社会を明確に意識していたし、それだからこそ、部分社会にこだわりがちな現代社会にあって、全体としての社会であるコミュニティのもつ意味と位置づけの重要性を評価しようとしたのであった。後に見るように、Ｊ・Ｓ・ミルと同様、マッキーヴァーは全体としての社会のもつ重要性を強調したのであった

第三は政治現象が社会現象絡みで捉えられていることである。コミュニティやアソシエーションに関する議論もそうであるけれども、それのみならず、技術の発展史、人口の推移などを含めて、われわれがいう社会的基礎条件絡みで議論されたのである[11]。

第四は二分法的単純化がみられることである。民主政治と独裁政治、民主国家と王朝国家などがそれであるが、これは、民主主義国家の成員として、これに対抗しようとする勢力が、理論的にも、現実政治においても存在し、これに対抗することを迫られていた時代であった当時の知識人が共通にもっていた考え方でもあったのである。

第五は政治に神話の存在をみたことである。政治論では一般的にイデオロギーの問題として処理されてきたものを社会学的性格を含む神話として捉えたところにかれの社会学者としての側面をみることができる。そこには同様に社会学の分野で大きな業績を残したヴェーバーとの近接性すら感じられるのである。

第六はかれの政治学の対象領域は基本的に政治のマクロ領域とメゾ領域であったことである。マッキーヴァーは第二次世界大戦中に戦時計画の長の役割を引き受けたり、戦後には福祉事業関係の委員会のメンバーとして参加したりするなど、社会問題や社会福祉問題に関して、積極的に参加したり、各種の提言を行なったのであったが、これらは実践的提言であり、アカデミックなものではなかった[12]。かれの政治学においては現在の政治学でよくテーマとなる政策絡みの政治分析はほとんど試みられなかったのである。

第七は国内政治を超えた政治との関係や将来展望が試みられていることである。これがコミュニティ論とも関連していることは後にみるとおりである。

第三節　マッキーヴァーの多元的国家論と政治的多元論

多元主義あるいは多元論は社会理論の発生とともに始まったといってよいであろう。古代ギリシア時代、ソフィストたちは絶対真理の存在を拒否し、相対主義を主張したといわれている。

政治社会のうちに相対的な価値観をみたり、政治社会を風土と関連させることで政治社会の多様性をみる考え方は、近代以降では、すでにC・モンテスキューの『法の精神』においてみられた。そこでは、法や政体が国土の自然条件、民族の生活様式、風俗・習慣と関連するものであることが指摘されている[13]。しかしながら、かれらが政治理論史ないしは政治思想史のなかで多元主義者ないしは多元論者の名で呼ばれたことはない。この分野において多元論が明確にいわれるようになったのは二〇世紀に入ってからであり、多元論的考え方が発生した背景には特別な事情があったと考えるのが順当であろう。その背景とは、一九世紀後半の国家機能の増大に伴う国家権力の強大化と、強大化した国家が必ずしも期待された機能を果たさず、問題性すらも露呈するに至り、これの克服が課題となってきたという事情があった。

このような事情を背景に政治における多元性の存在を主張する各種の理論が展開されることになった。フランスの地域主義は国家や中央政府のみが権限をもつのではなく、権限は本来それぞれの地域がもつべきであると主張したし、行政的サンディカリストたちは、国家は経済的産業的機能を果たす結社であると考え、雇い主である国に対し産業労働者が組合を結成して自己の利益を主張するように、被治者も国との関係では同様の関係にあるとし、被治者組合を結成できると主張した。他の理論も含めて、これらの主張の前提となっていたのは一元的国家論に対する疑問であり、国家や中央政府への集権状況への疑問であった。多元的国家論もまたこの時代の代表的な政治的多元論であったのである[14]。

政治的多元論は第二次世界大戦後になって再び注目されるようになる。ダールに代表されるいわゆるアメリカ多元主義がそれであるけれども、この場合論議の的となったのは権力構造論であり、地域権力構造の分析を通して、それまでに支配的であったマルクス主義的階級権力構造観やC・ミルズによって提起されたパワー・エリート論的権力観に批判を加え、多元的権力構造の存在を証明しようとしただけでなく、アメリカ合衆国における社会や政治社会の多元性の事実をも論証しようとしたのであった。

マッキーヴァーはいうまでもなく多元的国家論者の一人である。多元的国家論の基本的特徴は、国家を本質的に様々な機能を果たす社会集団の一つに過ぎないとしたところにあるが、このことに関連することを含めてその特徴を簡単に整理すれば次のようなことが指摘できるであろう。

第一は政治的一元論の克服を目指したことである。ヘーゲルによって理論的に頂点にまで高められた国家至上の考え方は一九世紀後半のヨーロッパ先進国において現れた政治社会状況のなかで、かれの影響を受けた理想主義政治哲学のような国家に過大な期待を見出す国家論を生み出すことになった。しかし、その後の過程はその期待に反するものであり、しかも、国家権力の強大化は、多元的国家論者の多くが輩出したイギリスにおける近代史の価値観である自由主義的価値観にも一致しないところから、これの克服が目指されたことは自然なことであった。

第二は哲学分野における多元論の影響である。W・ジェームズは哲学の分野で一元論の批判的検討を行うとともに、現代における多元論の意義を論じた。他方、J・デューイは社会における多元的価値観に基づく行動の重要性を主張しただけでなく、教育の現場において実践したのであった。かれらの社会思想は多元的国家論者に大きな影響を与えたのである。

第三は多元主義としての主張の強さである。多元的国家論は、当時の諸々の多元論と比較したとき、対抗理論への批判の直接性においても、多元主義の主張という点においても、この時期の最も代表的な政治的多元論であった。

第四は多集団社会の到来の評価である。E・バーカーの集団の噴出という用語に代表されるように多元的国家論者たちは現代社会を産業社会到来による多集団が成立する社会として捉え、社会の多様性に着目し、政治や社会における新しい主体の登場を高く評価したのであった。

第五は機能主義の観点が共有されていたことである。集団の評価は、これらの集団への参加を通して自らの価値の実現を求め、行動するということであり、社会においては、諸集団が社会の中でそれぞれの目的に応じて機能を果たすという認識である。かくして、多元的国家論者にとって、集団の社会的機能は共通の考え方となったのである。

第六は団体主権論の展開である。ただし、主権論の根拠については多様な見解がみられた。多元的国家論の原点に位置するのはO・ギールケであるが、かれは集団に団体人格を与えることによって法学面からする団体主権論への道を開いたのであった。この考えはイギリスではF・メートランドを通して多元的国家論者の共通の認識となっていった。法的な根拠ではなく、もっと根底にある服従根拠に求めたのはL・デューギーであった。かれは人々が法への義務感をもったり、服従したりするのはそれらの法が社会目的に沿っていると感じるからであるとしたのであった。かれによれば、重要なのは人間であって、法は社会的連帯のうちに基礎づけられなければならないと考えたのである。[15]

第七は基盤社会あるいは基礎社会という意味でのコミュニティが理論上重要な位置づけを有していることである。これは機能主義の議論にも通じるものであるけれども、各々の部分社会である機能社会とそれらを含む全体社会としてのコミュニティという観念があったことを意味する。この場合のコミュニティは当時では国民社会を意味するのであるが、この時代になると国民社会の定着がみられるようになり、この規模の地域的政治社会が前提とすらなってきたことを意味する。

第八は国家観に関するものである。右記のコミュニティ論や集団論、および国家を目的集団とみなしたことによって、国家だけに主権を与えることを拒否したのであった。

第九は国家や政府の統制機能に関する捉え方である。多元的国家論者たちは国家や中央政府の統制機能や調整機能のための権力の行使を認めている。これがしばしば多元的国家論を批判する人たちの論拠となってきたことはよく知られるところである。

これらの特質はマッキーヴァーも共有しているものであるが、後章でみるように、かれの場合は、コミュニティの理論上の役割が強くでているところに特徴がある。

第四節　マッキーヴァー社会理論と社会学

次に、マッキーヴァー社会理論の社会学理論としての特質について触れておきたい。なぜなら、かれの社会理論や社会学についての考え方の中に政治学に関連するものへの関心につながるものが内在していたと思われるからである。

この意味でかれの社会理論の特性とその社会学史上の位置づけをみようとする場合、第一に社会学理論史上の位置づけ、第二に社会集団論、特にコミュニティ論の性格、第三に社会法則観の三点を検討する必要があるように思われる。

現代社会学の出発点は一九世紀前半にあるといわれている。この時期、様々な社会理論家たちが現れた。ドイツではヘーゲルが市民社会や国家を論じ、マルクスは経済社会構成体論と史的唯物論と階級史観に立つ社会論を展開した。フランスではサン・シモンの産業社会論があった。イギリスではJ・S・ミル等が活躍している。これらの社会理論家達はいずれも変動する激動の時代にあって個別的社会分野への関心だけでなく、社会全体の解明や理論化に精力を注いだ。一八三九年にSociologyという用語を作り出したA・コントもそのような理論家の一人であった。

この言葉を意味する社会学は、産業革命の達成の後、階級問題の発生と激化のなかで、近代市民社会の危機に直面し、これを再建するための学問として成立したといわれる。コントは当時の社会に政治的道徳的秩序の混乱をみて、これを克服するためには実証哲学の樹立が必要であるとし、社会再組織化を目指したのであったが、そのためには、社会が知識によって基礎づけられる必要があるとしたのであるが、その場合の実証主義の中核は合理的予見、科学的予見にあった。社会学は観察法、実験法、比較法、歴史法に基づいて実証的に研究する学問であると考えたのである。研究の対象と考えられたのは「社会現象に固有なもろもろの根本法則の全体」[16]であり、具体的には社会を家族から成る有機体として捉え、論じたのであった。従って、研究課題とされたのは社会全体であったのであるけれども、その場合の社会全体は社会有機体であったのである。かれの社会学は社会静学と社会動学から成っていた。前者において主張されたのは、社会有機体は複雑となり、伸張するにつれますます協同と分業との和解が行われるようになるということであり、後者では、人類の知的進化の法則として、神学的状態から形而上学的状態を経て実証的状態に進化するという法則が語られたのであった。つまり社会進化論が展開されたのであった[17]。

実証性の内容、社会有機体の構成要素、社会学の分類の仕方などにおいて論者によって相違はあるとはいえ、実証的であることの主張、社会を社会有機体として捉えること、社会のうちに進歩観がみられることなどは当時の多くの社会学者たちにみられたものであった。このうち、社会有機体説については、後に、この学説に批判的であり、意味ある社会行為の分析に社会学の本質を求めたヴェーバーや、社会有機体説とは方法論的に対極に立つG・ジンメルの形式社会学など社会有機体説とは異なった社会理論の展開がみられたとはいえ、コント以降もH・スペンサーを始めとして一九世紀後半から二〇世紀初頭のこの分野の理論家たちに数多くみられた考え方であり、それ以降にも時折提案され、T・パーソンズの社会体系論のように、いくらか形を変えて現れた考え方であった。

アメリカ社会学もまた初期にはコント、スペンサー、L・グンプロヴィッチ等の影響を受けたといわれている。特にスペンサーの影響は大きく、進化論に影響を受けた歴史哲学や文明論などが展開された。ただし、この時期の社会学は道徳哲学と呼ばれたが、やがて、歴史哲学から脱却し、その後成立した社会科学のなかから分化し、自己の領域を確立することによって、二〇世紀の初めには本格的な社会学の成立をみたのであった。第一次世界大戦終了あたりからアメリカ社会学は再び活発となり、第二次世界大戦後更なる飛躍を迎えたのであった[18]。

『社会学史概論』によれば、アメリカ社会学には大きくは心理学的社会学派と文化社会学派があり、前者は社会現象を心理的事実として捉える人たちであるが、後者は「人間の社会行動における文化または社会行動様式ないしその複合体としての文化、あるいは生活様式としての文化を研究対象とする」[19]ものであるという。同書はアメリカ社会学の特質として理論が実際と結びついていること、科学的経験主義が尊重され、社会調査が一般的に尊重されていることと、共同研究の態度、必要と思われるものを自由に取り上げる結果として、総合科学的で雑多な包括性を示す分野となっていることを挙げている[20]。

右記で述べてきたこととの関連で言えば、マッキーヴァー社会学理論は実証性、社会全体を問題にしていること、社会の進展や発展に着目している点においてコントの問題意識と同様のものをもっていたといえる。同書は、文化社会学を歴史学派と文化主義的傾向をもつ学派に分類し、マッキーヴァーを後者に属する一人であるとしている。また、アメリカ社会学の特質との関連では、マッキーヴァーは基本的にその特質を共有していたとも言えるのであるが、注目すべきは、かれの社会学が、社会の全体像を常に意識し、理論化を試みようとしたところにある。そして、この理論化の中心となったのがコミュニティ論であったのである。この点ではかれは確かに歴史哲学の余韻を残した社会学者であったと言える。

マッキーヴァーのコミュニティ論はかれの社会理論の中核をなすものであった。かれは最初の大著『コミュニティ』を著したが、そのなかで社会学の研究対象は政治学、経済学、法律学等が対象とする個別社会科学にとどまらない包括的、普遍的な科学であり、その対象はコミュニティであると述べている。『社会』になると、個別社会科学としての社会学に移行したとみなしてよいのであるけれども、それはともかく、コミュニティはそれほどにかれにとって重要なテーマであった。

かれの社会理論が課題としたのは社会関係であり、この社会関係をもたらすのは共同関心であるとされた。コミュニティは「共同生活の相互行為を十分に保証するような共同関心がその成員によって認められているところの社会的統一体」[21]であり、「共同生活の領域である」[22]とされたように、一定の地域を範域とした共同生活の場であった。『社会』では、地域性と地域社会感情が要件として挙げられたのであるけれども、コミュニティが共同生活の場であり、共同性がコミュニティ成立の基本要件であることに変わりはなく、現代の最大規模のアソシエーションである国家を調整結社とする範域のコミュニティは国民あるいは民族(Nation)、ないしは国民社会(Nation-Community)であるとされたのであった。このような性格の集団であるコミュニティの需要に応じて結成される集団がアソシエーションであったのである。

以上に示されるコミュニティに関する議論には理論史上いくらかの特徴があることがわかる。

第一は一九世紀後半に現れた社会集団を二分法的に分類し、対比的に論じる手法である。この面で最も有名になった論者の一人にF・テンニエスがいるが、かれはゲマインシャフトとゲゼルシャフトという用語を対比・対照的に使用したのであり、マッキーヴァーのコミュニティとアソシエーションという用語の使用は、内容に違いがあるとはいえ、用語の使用法に関する限り、テンニエス理論など先行社会学理論の影響があったことは間違いない。

第二はコミュニティ概念の内容に関してである。先にみたように、現代社会学の初期の時代の関心は社会全体にあった。現代社会学第二期の世代にも、デュルケームにみるように、社会全体を重視する理論家がいた。この意味ではマッキーヴァーもまたこれらの先人達と同様の関心を示した。しかし、社会全体の内容についての理解は大きく異なる。コントもスペンサーも社会全体を有機体と類似したものとみていた。他方、デュルケームの場合は「実現すべき理想としての効果により論証される結合の所産としての社会、つまり道徳的社会＝共同態」[23]とみなしていたと言われている。

これに対し、マッキーヴァーが批判の的としたのはまさしく社会有機体説であり、コミュニティに心や精神共同態をみる思想や考え方であった。かれにとってコミュニティは基本的には共同性がみられる生活の場であったのである。それと同時に、このことを出発点としながら、後章においてみるように、コミュニティはかれの社会理論の依拠する場であり、政治体制や国家を評価する場合の基準となるものでもあった。

次に社会発展や社会法則の問題に移ろう。社会のうちに発展や発展法則をみる考え方は西欧、特にドイツを中心に展開されてきた。ヘーゲルの理論にはすでに社会発展論がみられたのであったけれども、マルクスは生産力と生産関係の弁証法的運動の結果としての経済社会構成体の発展段階説を展開した。F・リストを始めとした一連の経済発展段階説は経済史の領域においてこのような立場が明確に展開されたものであり、歴史主義や歴史学派として知られる伝統をつくり出してきたのであった。マッキーヴァーの社会発展論はこれらとは若干趣を異にしている。

かれの社会発展論の特徴の一つは社会理論や社会法則の根底にある社会をみる場合の価値に関連するものである。マッキーヴァーの社会認識に関する捉え方はヴェーバーの社会科学の認識の客観性に関する議論と同様と考えてよく、従って、認識価値に基づいて社会を認識し、理論だてるということになる。この点は、マルクスが社会法則を自然科学の法則になぞらえて理解していたのとは明らかに異なる。

第二はマッキーヴァーの社会法則論は、かれの基本概念絡みで展開されていることにある。かれの場合も、物事がある一定の態容に永遠に止まるのではないということを主張する点において先の発展段階論者達と異なるわけではない。かれは社会発展をコミュニティの発展であると考えたのであったが、かれの社会発展論の特徴は人間の社会行為の内容の発展という角度から発展をみようとしていることにある。この場合の目安となったのが人格（パーソナリティ）の概念であり、人格の内容とされた個性と社会性の発展であったのである。かくして、人格の発展がコミュニティの発展と同一歩調で展開されると考えたのであった。

第三は、これらのことから分かるように、また、第一章においてみるように、一種の社会哲学があったということである。コミュニティ観念にはもう一つの特性である調和の評価がみられ、これと発展の観念が結びついていたと考えられる。つまり、調和的発展がかれの社会哲学としてあったということである。

以上からいえることは、かれの社会学が個別社会科学としての社会学にとどまらないテーマを本来的にもっていたということであり、社会全体が問題意識にあることから、政治に関係する関心を理論的に内包していたということである。事実、かれの社会学論は当初から政治理論の側面を有していたし、『コミュニティ』論以降も社会学分野のテーマだけでなく、政治学分野においても多くのテーマを課題とし、多くの成果を収めたのであった。

第五節　おわりに

本書はマッキーヴァー政治理論の特質を浮かび上がらせることを目的としている。従って、次章以降はかれの政治理論や社会理論の特質を抽出することと、かれの理論の政治や社会への適用可能性を探ることに力点をおいており、通常の政治思想史的な研究とは異なっている。そのようなこともあって、後論を補完する必要を感じ、序論として三つの点に絞り、それぞれのテーマの思想史あるいは理論史を簡単に整理し、マッキーヴァー理論の位置づけを試みてみたのであった。

われわれはかれの社会理論が本来的に政治理論に結びつくものであったと考えているし、政治理論としても興味ある視点を数多く有していたと考えている。また、かれの理論の現代政治、現代社会への適用可能性についても、そのままでは困難であるとしても、その一部については十分に活用できると考えているし、その種の試みを不十分であるとはいえ試みたこともある[24]。

注

1 J・ロック(鵜飼信成訳)『市民政府論』岩波書店、一九六八年、一二頁。

2 J・ルソー(本田喜代治・平岡昇訳)『人間不平等起源論』岩波書店、一九六四年、およびJ・ルソー(桑原武夫・前川貞次郎訳)『社会契約論』岩波書店、一九六五年、一三二〜一三三頁。

3 これらの歴史については、いくらか違う形ではあるが、町田博『改訂版　市民と政治社会』創成社、二〇〇四年の第一章から第四章において取り上げている。

4 たとえば、E・バーカー(堀豊彦・杣正夫訳)『イギリス政治思想　Ⅳ』、岩波書店、一九六七年など。

5 J・シュムペーター(中山伊知郎・東畑精一訳)『資本主義・社会主義・民主主義』東洋経済新報社、一九六六年。

6 前掲『改訂版　市民と政治社会』、一〇三〜一〇五頁参照のこと。

7 R・ダールについては拙稿「R・ダールの多頭政民主主義」(『高千穂論叢』第一九巻第一号)で論じたことがある。

8 中久郎「マッキーヴァー(一八八二〜一九七〇)の人と業績」(R・M・マッキーヴァー『コミュニティ』ミネルヴァ書房、一九七五年、五〇八頁)。

9 前掲『市民政府論』、一三三〜一七一頁。

10 たとえば、J・S・ミル「代議政治論」(『世界の名著　ベンサム、J・S・ミル』中央公論社、一九七九年)やW・バジョット「イギリス憲政論」(『世界の名著　バジョット、ラスキ、マッキーヴァー』中央公論社、一九七〇年)など。

11 前掲『改訂版　市民と政治社会』一五二頁。
12 前掲『コミュニティ』五一一～五一二頁。
13 C・モンテスキュー(井上堯裕訳)『法の精神』(『世界の名著　モンテスキュー』中央公論社、一九七六年)三七四～三七五頁。
14 原田鋼『新版　西洋政治思想史』有斐閣、一九八三年、四七九～四九五頁。
15 同書、四八五～四八九頁。なお、L・デューギー(堀真琴訳)『法と国家』岩波書店、一九九五年を参照のこと。
16 阿閉吉男・内藤莞爾『社会学史概論』勁草書房、一九六九年、四六頁。
17 同書、三〇～五〇頁。
18 同書、三〇〇～三八〇頁。
19 同書、三一七頁。
20 同書、三三一～三三三頁。
21 前掲『コミュニティ』一三五頁。
22 同書一七八頁。
23 中久郎『共同体の社会理論』世界思想社、一九九一年、九五頁。
24 前掲『改訂版　市民と政治社会』、第六章および第七章、町田博『地域開発序論』多賀出版、一九九九年、第二章など。

第一章　民主政治論

第一節　はじめに

現代政治を近代政治から区別する指標があるとすれば、そのひとつとして、大衆の政治への登場を挙げることができるであろう。近代的個人、理性的個人を前提にした政治理念の世界は、議会政治を発展させ、リベラル・デモクラシーの諸制度を形成させた。公衆観念に基礎をおく議会制民主主義は、名望家政治として出発したが、選挙権の拡大は、大衆の政治参加を導き、政治を変質させたのである。大衆政治への危惧は、多くの人々に公衆政治への復帰を主唱させた。しかし、大衆の政治への参加は不可逆の事実である。この意味で、現代政治理論は、すべての政治参加者を前提としての、政治における個人の位置づけを明確にすることを要求されているといえよう。

ここで取り上げる、R・M・マッキーヴァーは、政治思想史上、一時代を画した多元的国家論者のひとりとして数えられている。多元的国家論は、政治思想史上の最大テーマであった、国家対個人、あるいは権力対自由の問題に、国家が強化され、国家機能が増大し、多くの集団が出現した時代における人格としての団体ないしは個人の自由を位置づけるべく努力した理論とみなされている。この思想が現れたのは二〇世紀のはじめであるが、この時代は、様々な問題が世界的規模で発生し、それらを人間社会の基本問題として考えるべく要請された時代であったともいえる。

マッキーヴァーは政治理論の基盤をコミュニティとそれに密接に結びつくパーソナリティ概念を提起することで対処しようとした。コミュニティ概念は、多元的国家論者に共通のものであるとはいえ、これら二つの概念は、かれにあっては特に重要な役割をもつ。かれの理論は、初期の『コミュニティ』から後年の『政府論』に至るまで、基本的な視点が一貫しているのであるが、これを可能としたのは、社会学者として出発したマッキーヴァーのこれら二概念の検討から得た結論が、政治理論を提出するにあたって、ゆるぎない確信となって提示されたためであるように思われる。本章では、かれの民主政治理論の検討を行うことにより、現代社会における政治研究家としてのマッキーヴァーの対応の仕方をみようと思う。

第二節　コミュニティとパーソナリティ

民主政治が問題になる場合、重要な要件として、個人の自由の確保ないしは自由の侵害からの排除が、問題意識として前提とされているのが常である。近代市民政治理論の代表者であるJ・ロックの思想は、自由な諸個人からなる社会契約を想定することによって、市民政治理論を構築し、これが当時の市民階級の思想となることで、実体価値を得たのであった。歴史的にはイデオロギーとして成立した市民政治理論は、機構を定着させることによって、政治制度としての市民権を獲得し容認されてきたのである。この事情を考えるとき、少なくとも理論的には、執行権力からの侵害に対する最後の防波堤として、自由が主唱されることは不思議ではないし、むしろ論理的ですらある。

ところで、自由の主張は、通常考えられるほどに、民主政治を基礎づけるものではない。自由が、たとえばI・カントにおけるように道徳と合体するとき、功利主義思想にみられる自由とは異なった性格のものとなるし、あるいは少なくとも、個人と社会あるいは国家との関係からみた自由の位置づけはあいまい化される。まして、巨大国家の成立をみ、国家の役割がかつての夜警国家観の時代とは比較にならないほど重要視される時代には、自由問題の発生史的意味すら忘れられかねない事態が生じても不思議ではない。マッキーヴァーが、政治学者として政治の根底的なものを追究しようとしたことはこの文脈でよく理解できるし、社会学者として、理論枠の科学的な根拠づけに精力を注いだこととも十分に理由のあるところである。

このように述べることは、もちろん、マッキーヴァーが、初めから、政治理論の根底を問うべく初期の代表作『コミュニティ』を執筆したということではない。この著作が、社会学の研究として書かれたことは自ら明言しており正しいであろう。しかし、かれのその後の代表作『近代国家論』や『政府論』をみるとき、政治論の文脈では、すでに『コミュニティ』の段階で、政治の基礎視角が提出されていたといわざるをえない。そこで、『コミュニティ』で意図されている要点を抽出し、その後に民主政治論の問題に入ろうと思う。

『コミュニティ』のなかで主張されている第一のものは社会的個人の認識である。「社会的個人でないような個人は存在しないし、社会は個々人の結合や組織以上のものではない」[1]。この言明には、単なる社会学的事実の確認以上の主張が含まれている。神学思想が支配していた時代は別にして、およそ近代と呼ばれる社会が出現して以降、社会における個人の位置づけをめぐる議論は様々な形でなされてきた。それらの議論には、社会かあるいは個人のどちらか一方を重視、強調する傾向がある。マッキーヴァーによれば、そのような傾向が生ずるのは、人間の本性と現実を無視する抽象論的思考のためである。現実社会を冷静に観察すれば、社会は、意志をもつ人々の相互関係以外のものではない。個人は主体者として行動しその本源価値が認められると同時に、社会関係にある個人として、単一の個人では包摂しきれない社会的なものの拘束の範囲内にあることが確認されなければならない。これは、先験的観念からする社会観、個人観の排斥であり、科学的な根拠のもとに社会と個人が考えられなければならないという主張であった。社会学的観察を根拠とした社会的個人という考え方は、思想史の流れのなかに位置づけられるとき十分に注意されてよい。なぜなら、その後の著作に明確に示されるように、この問題でかれが論難するのは、社会契約説や、社会有機体説であり、その理由が、これら両説にみられる社会と個人観の科学的根拠の薄弱さに求められているからである[2]。

第二は、すべての理論的基礎としてのコミュニティの主張である。コミュニティはかれの社会理論の核として位置づけられている。『コミュニティ』によれば、コミュニティは「村とか町、あるいは地方や国とかもっと広い範囲の共同生活のいずれかの領域」[3]であるという。かれにとって、コミュニティは人々が求める包括的な関心としての「共同関心の全体系、つまり、人々の生活を全体として可能ならしめる共同生活活動」[4]だったのである。かれは『社会』において、コミュニティであることの条件として、地域性つまり一定のエリアの存在と地域社会感情つまりエリア内の人々がともに共同の生活をしているという感覚の共有を挙げている[5]。

このように理解される集団が成立するためには、時間と空間の中で成立する人々の共同生活の存在と継続が前提とされなければならない。従って、コミュニティは必然的に歴史過程にみられる人々の生活共同ということになる。この種の集団としてかれは、村落、都市、種族、国民、世界などを挙げた。コミュニティの指標は地域性と地域社会感情にあるのだから、これらが重複して存在することは十分にありうることになる。

ところで、かれがこれら集団に共通でもっとも重要であるとみるのは、この集団が本質的に継続性をもつことで、世代間の連続が可能になり、コミュニティが社会生活の基礎としての意味を担うと考えるからである。生命に限りのある個人とは異なって、社会は常に存続し、ひとつの世代から次の世代へコミュニティの伝統、価値観など諸々のものを伝え、自ら存続する。マッキーヴァーにとって、この事実ほど確かなものはない。コミュニティは、歴史の刻印であり、それまでのすべての価値が蓄えられている宝庫である[6]。

コミュニティのこの位置づけからみれば、個人とコミュニティの関係は明らかである。コミュニティは、文字通り、基盤社会として個人が出生し、学び、成長する母体となる社会である。この事実があるからこそ、人々は互いに理解しえ共通の目的をすらもちうるのである。

第三は、コミュニティとアソシーション、とくにこの一種である国家との区別と位置づけである。この両者は社会関係にみられるふたつの集団形式であるが、両者に全体と部分の関係があるところに特色がある。コミュニティが共同関心の全体系であり、共同生活の母体であるのに対し、アソシエーションは、共同関心化したものであるとはいえ、性欲、信仰、権力、職業など特定の関心の充足のために目的々に形成された集団である。その種の集団として家族、教会、クラブ、政党、国家などが挙げられている。アソシエーションはこのように、社会の一定部分を解決すべき役割を担う機能集団なのであるが、この種の集団は、それぞれが独自に関連なく存在する限り、相互抗争が生まれるか、あるいは少なくとも統一が保てない可能性がある。この事態を解決する契機となるのがコミュニティなのである。それゆえ、マッキーヴァー理論において、アソシエーションは、コミュニティの維持、発展のために設立された道具であるという考え方があったとみてよい[7]。従って、各種機能集団はコミュニティの内に包摂されることになり、コミュニティの重要性がさらに確認されることになる。この点は、後述のように、国家との関係でとくに重要となる。

第四は、パーソナリティ(人格)概念の提起である。コミュニティは人々の生活共同であるが、常に成長、進歩するというのが、かれのコミュニティのもう一つの特色である[8]。しかし、集団であるコミュニティが進歩、発展するということは、その構成員である諸個人、すなわちかれがパーソンという名で呼んだ社会的個人が成長し、全体としてのコミュニティの進歩がみられるということに他ならない。ところで、個人の成長を考える場合、知的にも、道徳的にも進歩し、自己の価値判断で行動できることが一つの要件であろう。マッキーヴァーは、個人のこの状況の存在を個性とよぶ。しかし、かれによれば、個人の本来の成長は、これだけでは不十分で、必要条件が満たされたにすぎない。なぜなら、それは人々の独自性の主張となり、社会的混乱をひき起こしかねないからである。成長が十分条件を満たすためには社会性つまり他の人々との接触の増加を通して、複雑な社会のなかに自らを根づかせる状況がなければならない。これらの個性と社会性を認識し、それに基づいて行動する人間がもつこの性質が、かれのいうパーソナリティなのである。個性と社会性がともに調和的に発達するところにパーソナリティ概念提起の意味があり[9]、その種のものをもつ人々からなる社会こそが、かれの期待するコミュニティなのである。このことが成りたつためには、コミュニティ内のすべての人々が、同等の機会を得、コミュニティのなかで自由に活動できることが必要である。そのとき、人々は、狭い範囲のコミュニティだけでなく、より広いコミュニティの目的、そして最終的には世界規模のコミュニティの目的に適うような行動ができるようになるとみなされるのである[10]。

人間が社会的動物であるという社会学的事実をもとにして提出された諸々の概念や社会認識は、コミュニティとパーソナリティとが結合されることで、社会理論として十全な土台を得ることになる。しばしば混乱のもととなる社会と個人の問題は、対立関係に陥ることなく解決されるだけでなく、むしろ、コミュニティの個人、パーソナリティを内包する社会として理解され、すべての理論の母体となり出発点とみなされる。かれの民主政治論も、つきつめれば、これらを政治の分野でいかに理解するかということに他ならない。

第三節　民主政治の概念

マッキーヴァーの民主政治理論は、コミュニティとパーソナリティとを理論的基礎としておき、前者に政治構造の準拠枠を求め、後者の十全な展開と成長を促進することを保証することにより成立する。それは、便宜的には理念の問題と政治構造面に分けて考えることができるが、両者が一体となって議論が展開されるところに特色がある。

ここでいう理念の問題とは、個人あるいは自由の問題のことである。マッキーヴァーにとって、政治における人間を考えるうえで基本的なことは、パーソナリティを所有する個人、かれのいう市民であるパーソン[11]、政治的部分人である市民がすべての政治の基本であるということである。市民は、この場合、国家の構成員であるすべての人々を意味する。このような市民は、個人とパーソンがもつ本性からパーソナリティをもつ人間である。従って、すべての人々は、個性と社会性の調和と発展の可能性とを内包する社会的存在であるのだから、この種の要件を促進する制度や政治が民主的なものと考えられるのであるし、逆にいえば、これらを抑圧し、阻止しようとする制度や政治が非民主的なものと考えられることになる。「民主政治はパーソナリティの価値を普遍的利益として主張し、そしてあらゆる人々におけるその価値の開発を通し、かれらの自由なる関係を通し、かついかなる権力集団に対しても爾余の者にその意志を押しつける権利を認めないという普遍的法則の下に達成さるべき全体の福祉があるという意味を含むのである」[12]。この引用文から理解できるように、パーソナリティの開花や発展が保証されている状況の存在が、民主政治にとって基本的なのである。しかも、パーソナリティは狭い範囲に限定されたり、とどまったりするものではない。やがては全世界に視野を拡大し、そこに普遍的な理念と生活共同を見出すような開かれた自由にして人間性豊かなパーソナリティなのである[13]。これは人間の多面性と発展性の肯定であり、そこに人類の進歩を見出す社会観である。かくして、その種のパーソナリティをもつ個人の民主政治理論における位置が明らかとなる。

このことの確認は、さらに自由の問題との関連で重要である。政治論で自由が問題にされるとき、言論の自由など、いわゆる政治に直接結びつく自由が問題とされがちであるが、マッキーヴァーの場合、これらも重要であるとはいえ、基本的自由は「事実上、全文化領域の自由すなわちすべての創造的技術や大部分の生活方法の自由を意味する」[14]。つまり、これは人々の関心の多様性の認識であると同時に、政治に関連する個人である以前に、あらゆる可能性をもつ全体としての人間である個人の確認こそが、すべての自由を考える場合の基本であり、出発点であることの主張でもある。この意味で、かれにとって重要なことは、いわゆる自由の問題である前に人間としての個人の問題であったといわなければならない。

ところで、かれは、全般的意味での個人の自由という言葉を拒否する。なぜなら、自由は、本来、神聖な一般的なものではなく多様な性格のものと考えられているからである。しかも、多様性の認識は、同時に、ある人にとって大きな自由が他の人にとって小さな自由であることがありうるのだから、各種の自由には上下の価値の序列はなく、社会には多種の自由が網の目のようになって存在するとみなされる。この認識は、価値の多様性と相対主義を前提にした政治の要請である。したがって、投票、世論、討論、組織づくりなどが、かれの民主政治理論の絶対要件となる。それらは次の引用のなかにうかがえよう。

「民主政治は多数によるとその他の方法によるとを問わず、ともかくも政治の方法ではなくして、主として誰がそして大体において何の目的のために統治するかを決定する方法である。国民すなわち全国民が誰が統治するかを決定しうる唯一の方法は、問題を世論に問いかつそれぞれの場合において投票の表決を承認することによる方法である。

国民のこの活動を別にしては、民主政治を他の政府形態から区別する方法はないのである」。「民主政治の発達は常に政治問題の自由討議、政治問題に関して、不同意を唱える権利、実力によらず投票の計算による異論の解決に関連してきた」。「不同意を唱える権利は多数者の勝利と共に終るのではなくてその体制に固有のものであった。対立する主義主張がどこまでも自由に、それ自体を表明し、賛成者を見出し、組織をつくり、かくて世論の法廷で成功を競うということがどこにおいても民主政治の要件であった」[15]。

さて、われわれは、先に、パーソナリティの発展が同時にコミュニティの発展を意味することを指摘した。このことの認識が、政治構造面の理解の前提となる。つまり、かれの政治理論は、パーソナリティを有する諸個人からなる生活共同がまず認識されることから出発する。従って、その種のコミュニティは、実態としてそれが形成される限り、不可侵の場なのである。政治領域において、現代社会でのもっとも大きいコミュニティは国民社会なのであるから、コミュニティとしての国民社会こそが現段階でのすべての政治が基盤となる母体とみなされるし、国民が政治社会においてどのように評価され、位置づけられているかが、現代政治が民主政治であるか否かの評価基準となる。このことから、コミュニティは政治の大枠を決定する場であることがわかろう。ここでは、そこに住む人々による生活の諸条件の向上や、諸々の価値実現の試み、要するに日常の生活がある。その種のもののひとつとして、コミュニティ内の社会秩序を達成すべくなされる人々の行動が、国家を形成し、国家活動のうちに表現される行動である[16]。従って、国家はコミュニティのニーズによってつくられた組織である。この国家を維持するための意志をかれは一般意志(General Will)と呼んでいる。

国家は、コミュニティ内の人々が、一定のニーズを充足させるべく組織づけられた集団なのであるから、アソシエーションの一種とみなされる。ところで、人間は、多様な欲求と関心をもつ動物であり、価値評価は千差万別なのであるから、各種の関心には優劣の差はない。一見、差異があるようにみえても、それは種類の違いにすぎない。人々は、コミュニティ内において、それぞれの関心に従って各種のアソシエーションをつくるが、国家とこれら他の諸々のアソシエーションとは、本質的に優劣の関係はないと主張される。この考え方が、かれが多元的国家論者とみなされる理由であり、かれらの主張が、集団のうちに自由や人格の表出をみる考え方であるとみなされる理由でもある。国家は、ここに、他のアソシエーションと本質的に同質、並列するものとみなされることによって、国家一元論の地位からひきずりおろされるのである。

ところで、かれの政治構造の論理を理解するためには、アソシエーション一般の形成過程の理解が必要である。かれによれば、アソシエーションには、三段階の意志が見出される。第一の意志はアソシエーションを維持するための普遍的な意志であり、すべてのメンバーに共通する意志である。第二の意志は、アソシエーションの方向を決定する政策、つまり方策を定める意志である[17]。第三の意志は、特殊行政的意志で、経営者の意志のうちにみられる意志である。この状況は政治面の主要なアソシエーションである国家においても考えられる。第一段階にあるのが国家を維持するための意志であり、市民であるパーソンが表明する意志であり、一般意志(General Will)と呼ばれる。第二段階は、究極主権(Ultimate Sovereign)と呼ばれ、国家の方策を定める意志であるが、実際には、多数者の意志であり、常に変動するが、そこにおいてのみアソシエーションとしての統一体の意味が見出される意志であり、国家意志として示されるものである。第三段階は立法主権(Legislative Sovereign)と呼ばれ、政府の行動のうちに表明されるものである。従って、政府は国家の機関ということになる。政府は、究極主権によって与えられた一定期間その権利を行使する。それゆえ、究極主権は、事実上、これら機関決定を黙認する行為にすぎない。しかし、政府に与えられた権限は、無制限の行使であってはならず、たとえば憲法などの国民の意志によって制限されるし、さらにより大きな枠組みである一般意志によって制約されるのである[18]。

　以上のことから、政治構造の論理は明白となる。最基底にコミュニティがあり、それの政治に係わるアソシエーションが国家であり、国家の機関が政府である。従って、ある政治が民主政治であるか否かの問題はこの論理を追うことによって理解できる。つまり、コミュニティとそれの対をなしているパーソナリティの開花、発展が、国家あるいは政府によって十全に保証されているか否かを検討することで判定できる。「民主政治の全論理はやはり国民的統一や共同福祉があるという観念に基づいているのである。共同福祉における利益が特殊利益流には組織されえないという事実は、共同福祉の存在またはそれを維持する必要のどちらかをわれわれから隠蔽しないだろう。民主政治そのものが共同利益の組織なのである。民主政治においては、一切の特殊利益は少数利益であるから全体に訴えなければならない。民主政治においてはある一定の価値は少数利益いな多数利益にさえ優るものとして承認される。これらの価値の中の最たるものは、自己の意見に対する各人の権利とその権利を維持するために必要なすべての機会に対する各人の権利とである。……民主政治はコミュニティを肯定する」[19]。「民主政治においては民衆が制御する」[20]のである。民主政治は、多数者が勝利を得る政治ではなく、多数者も少数者もコミュニティの統一の契機のなかに包含できるような政治なのである。

　このように描かれる民主政治が、現代社会に至ってはじめて本来の姿を現す可能性がでてきたと考えられていることが理解できよう。民主政治の歴史のなかでしばしば話題になる古代ギリシア、ローマ時代の場合、奴隷制度の存在、民族概念の欠如、人としての政治的権利観念の欠如などにより、部分的にあるいは擬似的にはそれが存在したとしても、本来の民主政治ではない。民主政治は様々なプロセスを経て自己の姿を形造るものではあるが「決して完全には達成されない政府形態」であり、「漸次的に成長するもの」[21]である。しかし、少なくとも、それ以前の時代からすれば、現代社会は民主政治の可能性が増大していることになる。なぜなら、現代は、諸々の集団のうちに様々な利益が表現され、これら集団の分化と増大が著しい多集団社会であるからだ。このような社会で無益な抗争や社会的混乱を避け、問題を解決するためには、社会全体としての統一の契機がなければならない。その種のものとしてのコミュニティ、また各種利害の調整機関としての国家は現代民主政治の基礎条件なのである。これが成立するためには人々がその重要性を十分に認識できなければならない。「民主政治は人民の大多数が政治的に無気力で無教育で、統一的な、いかなる拘束的な共同利益も自覚しない場合は実行されえない」[22]のである。

第四節　理論問題と現代

『コミュニティ』が発刊されたのは二〇世紀初頭である。第一次世界大戦という未曾有の規模の戦争を経験したこの時代は、大衆化傾向、労働者層の政治への台頭の時代であるとともに国家機能の拡大と権力の集中化傾向が明白となった時代でもある。従って、このような状況を理論的にどのように位置づけるかは、この時代の政治思想家に与えられた課題であった。これらの問題は半世紀以上も経過した今日でも依然として続いているだけでなく、むしろ、一九世紀から二〇世紀、そして現代にかけての共通の課題であるのだから、一九世紀以降の政治、社会思想は、多かれ少なかれ、現代の問題に係わりあっていたことになる。

他の多元的国家論者と同様、マッキーヴァーが直接的な論難の相手としたのは、国家を個人の自由の実現態とみ、国家の論理化を目指したT・グリーンやB・ボザンケらの理想主義国家論者ではあるが、コミュニティ、アソシエーション、パーソナリティ、国家、民主主義などの相互関係の解明を試みたかれの論議は、単に二〇世紀初頭の問題としてだけでなく、現在においても、十分検討するに価するだけの内容を含んでいる。そこで、かれの論議をさらに明確なものとするために、現代社会の諸問題との関連で若干の問題点を検討しておこう。

第一は、国家機能の増大と権力の集中に関してである。現代社会の複雑さ、諸問題の発生が、国家の役割を増大させ、それに伴って国家権力への集中現象を生じたことは広く認められている。かつての夜警国家思想は姿をひそめ、福祉国家観にみられるように、国家機能の増大は理論的にも基礎づけられる傾向もある。しかし、問題は機能の増大が権力の増大を生むという政治社会の論理にある。権力と機能がストレートに結合するとき、国家は絶対化され、全能化される危険に陥る。国家が、コミュニティ内の部分社会と規定され、枠づけられるというかれの主張は、国家主権のあり方に反省を促すという意味では十分な価値をもったといえる。さらに集団の噴出にみられる産業社会以降の状況に対応して、集団、組織のうちに個人の自由の表出をみる考え方は、それまでの自由主義論とは異なった自由問題への対応であった。しかし、更に重要なことは、その根底に個人とはなにかが問われていることである。この視角から、国家と個人の問題を考えるときに、このテーマは、現代政治においても依然として生きつづいているといえよう。巨大国家の出現に伴う国家と個人の距離の拡大、各種集団、地方自治体における個人の位置と意味など現代社会に提起される問題は多い。

他方、国家とコミュニティの区別は、現実の政治世界でどれほどの有効性を示すかという疑問は残る。独裁政治、独裁国家はマッキーヴァーがもっとも嫌うものであるが、ナチス独裁にみられるように、国家が、かりに擬制的なものであったとしても、成員の価値のすべてとなったとき、コミュニティのコミュニティとしての役割はほとんど実効性をもちえなかったからである。共同生活や、地域性と地域社会感情という性格をもつコミュニティの存在は、社会学的事実として観察できるとしても、政治社会への有効性という観点からはかなりの問題点をもっている。この原因のひとつは、かれのコミュニティ概念が、分析概念であると同時に、価値概念の性格を有していたことにあろう。

第二は、政治体制と階級の問題である。マッキーヴァーにとって現代における民主政治に対立する概念は独裁政治である。この政治が民主政治でない理由は、一般意志が無視されること、国家がコミュニティの枠内から遊離したりあるいは両者が事実上同一視されること、また、国家が全能化されコミュニティを支配すること、それらの状況においては、政府がコミュニティ内の特権層によってのみ支配、構成されていることなどである。要するに、国家とコミュニティの本来の関係が喪失されることにより、基礎構造としてのコミュニティとパーソナリティが完全に無視されることへの疑問である。かれはこの指標として、権力の継承が基本法によって前もって決定されているか否かなどを挙げているが、簡単にいえば、政権担当者の源泉が十分に問われていず、「それ自身の存在が、それが許容する唯一の解答」[23]となっていて、コミュニティという基礎枠が失われ、権威主義的構造となっている政治がかれの考える独裁政治なのである。このカテゴリーに入るものとして、ラテン・アメリカ政治、ファシスト・ナチスの政治、ソヴィエト政治を挙げている。

この点で、もっとも問題になるのはソヴィエト体制の評価に関する問題であろう。同じ多元的国家論者の、H・ラスキの考え方がしばしば変遷したように、この問題は、現在および将来に係わる要素を内包している。マッキーヴァーは、もちろん、「いかなる階級、民族集団、利益集団に対しても有利な特権を認めない平等に関する教義」、「民族主義国家の優越や排他性に反対する国際主義的教義」、「あらゆる権威を民衆の意思の表現たらしめる民主政治の教義」、「権力政治の全体制を攻撃し、権力としての国家の役割が消滅し無階級社会が自由に機能するところの未来を明らかにする国家死滅の教義」[24]がマルキシズムの信条にあることを十分に理解している。従って、かれがソヴィエト政治を独裁政治として位置づけるのは原理に対してではなく、結果としての政治体制の状況に対してである。かれは、この体制のうちに、信条への政府活動による干渉、投票が統制化された満場一致であること、職業的階級の出現による新しい階級の存在等、要するに新しい政府権力による精神への統制をみたのである。かれにとって、民主政治の本質は自由なパーソナリティをもつ人々による選択の契機の存在なのである。そして、選択の対象となるものは多様であり、本質的に差異はない。

この認識が階級問題についても貫徹される。かれは、マルキシズム的な、経済によって規定される階級観をとらない。なぜなら、経済力は直ちに政治力の尺度ではないし、有力な経済的利害の主張が、政治の場において比較的容易に敗北させられることがしばしばありうるからである。確かに、マッキーヴァーは「すべての歴史上の大国家は支配階級によって組織されかつ制御された階級に制縛された国家として現われた」[25]ことを否定はしない。しかし、その場合の支配階級とは、経済的基礎に基づくものだけでなく、身分の保持、権力保持などの動機をも含む社会階級からなる支配階級なのである。従って、公務員、職業集団、農民、商人も支配階級となりうる。支配階級は、それゆえ、政治の支配に関心をもつ集団からなるものであり、権力構造つまり治者と被治者の集団関係があればどこにおいてもありうるのである[26]。この立場からみれば、マルキシズムの階級観は一面の真理を示しているとはいえ、真理の誇張ということになる。かれにとって、現代社会は、土地所有階級が支配していた時代からすると、むしろ、階級構造が不明瞭となった時代である。K・マルクスは、階級感情、階級利益の統合性を強調しすぎたというのがマルキシズムに対する評価である。この立場にたてば、国家を階級支配の道具とみる国家観は問題にならないことは当然であるし、政治的民主主義に対し経済的民主主義をおく民主主義の論議は、問題のたて方自体が誤っていることになる。

現代社会における経済要因の規定性、影響力の大きさは否定できない。階級の性格自体は科学的に究明されるべき性格のものであるが、これと政治体制、人間論まで含めた民主政治の論議は、政治論として、ごく常識的なものであるとはいえ、ひとつのパターンを示しており、十分に吟味される必要があろう。

第三の問題として、大衆社会化状況の出現との関連について考えてみよう。かれの著作を通読して気づくことは大衆の問題点がほとんど問われていないことである。一九世紀以後の社会科学が、多かれ少なかれ、大衆社会を前提にするか、あるいは、それを意識した議論となっていることからみると驚異とすら感じられるほどである。しかし、逆にいえば、この事実が、現代政治理論家としてのマッキーヴァーを特色づけるものであるともいえる。

政治が論じられるとき、大衆という言葉には、あまり積極的な価値づけがなされないのが一般的な傾向である。A・トックヴィルやJ・S・ミルの大衆政治への警告、大衆社会論にみられる操作される大衆の問題など、むしろ、民主政治の危機を導く性質のものと理解されることが多い。ここでは、大衆に対する公衆のイメージが対比され、それとの関連で大衆は劣位なものとして位置づけられる。大衆社会の個人は、不安定な、政治的能動性を欠いた人間として描かれてきた。このような認識は大衆社会がすでに前提とされる限り、エリート論を主張しがちである。そこでは、個人は個人一般としてでなく、二分法あるいは多分法化された個人として現われる。

この面からマッキーヴァーの社会理論をみた場合、個人への信頼は顕著なものがある。個人は、本質的に多様性、発展性を内包する人間一般として理解されている。この意味では、かれは、近代的人間観の正当な継承者であるともいえよう。しかし、もちろん、単なる近代人の確認者でないことは確かである。産業社会の出現以降の集団の発生を背景にした社会状況のなかで、個人の意見の表出は集団を通して表現されざるをえない。自由主義は個人の自由であると同時に団体の自由として現われたのであった。しかし、本章との関連で重要なことは、現代社会における個人の位置が十全の確信をもって主張されていることである。これがあってはじめて、虚無主義にすら陥りかねない、価値観を喪失した現代社会において、個人と国家という古くて新しい問題が正面から追究されえたのである。

最後に、かれの社会哲学の民主政治論への意味について言及しておきたい。マッキーヴァーは、科学的研究の意味の本質を、統計、調査にではなく、それらの事実の解釈に求めている[27]。社会的事実の意味を問うこと、この理解社会学の考え方は、かれの社会理論の全領域に貫かれている。このような基本姿勢が、しばしば没価値的となりやすい社会学のなかで、かれの社会理論をきわだたせ、同時に政治の問題をも、社会学と同程度の重みをもって研究させた理由であると思われる。コミュニティ、国家、パーソナリティ、個人などかれが題材にした諸概念はいずれも論争性を含んでおり、価値問題への考察を抜きにしては考えられない。社会科学者であるかれは、もちろん当為の意味での評価に基づく研究を排斥してはいる。しかし、かれの諸論のなかには、たとえ社会学的観察によってうらうちされたものであるにしても、明確な価値観が表明されている。コミュニティ概念にみられる価値論の契機、楽観的ともいえる人間観、それと密接に結びつく社会法則観、さらに調和の思想など、これらは、かれの社会学論を前提としなければ成立しがたいものである。これらが、いわばかれの社会哲学となって、社会解釈の基礎視角を構成しているのである。

このように考えるとき、かれの民主政治理論が、これらの社会哲学と相関関係にあることを指摘しないわけにはいかない。コミュニティとパーソナリティの結合は、調和観念と発展観念の結合、つまり調和的発展の主張を意味しているし、この立場からの政治理論が、極端な変動を求めえないことも論理性をもっている。かれの思想の黄金律として中庸の思想の存在が指摘されているが[28]、この意味では適切な評価であろう。

第五節　おわりに

多元的国家論が注目を集めたのは二〇世紀のはじめであり、わが国において論議されたのは戦前のことであるから[29]、ある意味で、マッキーヴァーは古い政治思想家である。しかし、その場合に関心がもたれたのは、当時の歴史状況を反映して、主に国家や団体の位置づけをめぐる問題であった。このことの意義は十分に注意されなければならないものではあるけれども、かれの政治思想をみるときに、より注目しなくてはならないのは、政治を考えるにあたって、人間と社会の問題が提起されていたことである。これがあればこそ、第二次世界大戦を経験した後に出版された『政府論』と初期の『コミュニティ』がなんらの混乱もなくむすびついた理由でもある。

本章では、かれの理論のこの側面を注目し、政治理論面でとくにこれが明確に表現されている民主政治論を取り上げたのである。思うに、政治論のなかでデモクラシーに関するものほど不明瞭なものはない。用語が一般化したためにかえって実体があいまい化されている。また、イデオロギーの終焉とさえいわれる現代社会の状況のなかで、この種の論議は敬遠されがちである。このことは、政治の科学化のうちに示されるし、多元的国家論以後、デモクラシーを本格的に論じた理論が現れていないことにもみることができる。

もちろん、ここで、それらの問題に言及するつもりはない。ただ、科学としての政治学の方向からデモクラシーへの接近がみられたり、あるいは、地域民主主義が提唱される今日、マッキーヴァーの主張はもっと注目されてよいのではないかと思う。なぜなら、かれの提起した諸問題は、今日でもなお共通の課題だと考えるからである。

注

1 (R. M. MacIver, Community, Macmillan and Co. Limited, 1920, p. 69. R・M・マッキーヴァー(中久郎・松本通晴監訳)『コミュニティ』、ミネルヴァ書房、一九七五年、九三頁。

2 『コミュニティ』では、主に、有機体説的社会観と本来のコミュニティの異同が追究されているが、『社会』においては、この問題が明確に整理されている。すなわち、社会契約説においては、契約者としての主体的個人を想定し、これら諸個人の自由な契約によって形成された集団が社会であり国家であるとされるのだが、マッキーヴァーは、そこに、社会と個人の分離、あるいは社会関係の外部にある人間が前提されているとみる。他方、社会有機体説の場合、個人が社会という有機細胞のひとつとみなされ、全体的統一体である社会の部分以上には出ることができず、有機体的社会の精神は存在しても、個人の主体性は無視されているとみなされる。これら両説は、正反対の主張でありながら、現実を無視し、社会と個人の真の関係を直視できないことで共通しており、誤った仮説に依拠しているというのがマッキーヴァーの結論である。社会契約説にしろ、社会有機体説にしろ、政治思想において、なんらかの形でしばしば現れる議論なので十分注意しておく必要があろう。これについては、R. M. MacIver and Charles, H. Page, Society, Macmillan, 1967, pp. 42-48.

3　前掲『コミュニティ』四六頁。

4　中久郎「マッキーヴァーの『コミュニティ』論」(同書、四八三頁)。

5　地域性と地域社会感情の二指標が明確に示されたのは『社会』においてである(ibid. pp. 8-11.)。

6　op. cit., Community, pp. 85-87.

7　たとえば、「われわれは、すべてのアソシエーションが、コミュニティ内の組織であるとともに、コミュニティの器官であると考える」(ibid. p. 130) に示されている。

8　ibid. p. 182.「コミュニティの発展はその成員のうちに存在する生活の発展である」など。

9　パーソナリティの発展は、従って、個性と社会性の発展である。この間の事情は ibid. p. 224.

10　コミュニティ、アソシエーション、個人の相互関係は、アソシエーションの多様、複雑化がコミュニティの分化発展を意味し、そのことは成員の価値選択が拡大し、成員の成長があったことを意味する。

11　いうまでもないことだが、コミュニティ内の存在者としての人間が統一体としての個人あるいはパーソンであり、そのなかの政治的関心をもって行動する部分人が市民である。これについては、ibid. p. 224. また R. M. MacIver, The Modern State,Oxford University Press 1964, p. 11, p.156 を参照。

12 R. M. MacIver, The Web of Government, The Free Press, 1995, p. 165.（秋永肇訳『政府論』勁草書房、一九六一年、二六〇頁）。
13 op. cit., The Modern State, p. 492.
14 op. cit., The Web of Government, p. 152.（邦訳、二三七頁）。
15 以上、いずれも ibid. pp. 148-149.（邦訳二三二〜二三三頁）。
16 かれは国家の本質的な業務として積極的には秩序の確立を消極的にはパーソナリティの尊重を挙げ（op. cit., The Modern State, p. 150）、国家をすべてのアソシエーションの調整機関として位置づけている（op. cit., Community, p. 46）。
17 ibid. pp. 140-141.
18 op. cit., The Modern State, pp. 8-16.
19 op. cit., The Web of Government p. 165.（邦訳、二六〇頁）。
20 ibid. p. 132.（邦訳、二〇五頁）。
21 以上、いずれも ibid. p. 132.（邦訳、二〇四頁）。
22 ibid. p. 143.（邦訳、二二二頁）。
23 ibid. p. 168.（邦訳、二六五頁）。
24 以上、いずれも ibid. p. 192.（邦訳、三〇三頁）。
25 ibid. p. 88.（邦訳、一三九頁）。
26 階級については、このほかに、op. cit., Community, p. 110. および op. cit., Society, pp. 348-383 を参照。
27 op. cit., Community, pp. 9-10.
28 辻清明著「現代国家における権力と自由」『世界の名著、パジョット、ラスキ、マッキーヴァー』中央公論社、一九七〇年、五九頁。
29 多元的国家論に関する戦前の状況については、蝋山政道著『日本における近代政治学の発達』一九六八年、六九〜一八六頁を参照。

第二章　ヴェーバーとマッキーヴァー——政治の基礎視点

第一節　はじめに

政治現象の理解、把握にあたって、論者が、どのような視点、問題意識、視野をもっているかによって、それぞれに異なった捉え方がなされるのは当然のことである。一元的社会、単純な構造の社会である場合はともかく、複雑化した現代社会にあって、多要因が微妙な形で影響する政治社会の把握はなかなかに困難である。時代の進展とともに、社会の複雑さは増大するのであるが、大衆社会といわれ、国家機能の増大といわれる現代社会の状況の原型は、西欧社会においては、すでに一九世紀に現れていたものである。この世紀に社会科学の巨匠といわれる人々が次々と輩出したのは、時代の背景をみたとき別におどろくべきことではない。複雑多岐化した社会であったからこそ、様々な角度からのアプローチが可能であったし、また試みもなされたといえよう。

ここで取り上げるマックス・ヴェーバーとR・M・マッキーヴァーは、一九世紀から二〇世紀にかけて活躍した人物である。生れ育った風土、年代の相違はあるが、両者とも、政治学、社会学の両領域において、先駆的な位置にある。同じく社会学的な分析を重視して政治を論じていながら、両者の間には、政治把握において、決定的ともいってよい認識の相違がある。

本章は両者の基礎理論的な側面の検討を行うことによって、かれらの政治アプローチの特色を探るとともに、若干の政治理論的な意味を考えようとするものである。

第一節　ヴェーバーにおける政治と国家

ヴェーバーにとって、社会理論の中で、政治が主題を成すことは自明のことであったように思われる。かれの社会理論は、現在いわれる意味での個別科学に区分できるものではない。そこでは、社会科学の様々な分野と要素とが複雑にからまっており、いわば総合社会科学的な社会理論である。従って、厳密な意味で政治理論として整理するには無理がある。それにもかかわらず、われわれは、かれの社会理論および社会分析のなかに、現在の学問区分からみて、政治論に属する重大な論点が中心課題のひとつを構成しているのを見出すことができるように思うのである。そこで、とりあえず、かれの政治像を描くことから始めることにする。

「国家とは自己の行政幹部が、諸秩序の実施のために、物理的強制の独占を有効に要求する時、またその限りでの、政治的公共施設経営のことをいうべきである。」[1]。これは『社会学の基礎概念』に示された定義である。ちなみに、ここにいう公共施設(Anstalt)とは「その法規化された諸秩序が所与の効果範囲内で一定の標徴にあてはまる所与の各行為に(比較的)有効に授与される団体」[2]のことであり、経営とは「一定の種類の継続的目的行為」[3]のことと定義されている。さらに、政治団体とは「自己の存続と自己の諸秩序の妥当とが一定の地理的領域のなかで行政幹部の側で物理的強制を使用しこれをもって威嚇することによって継続的に保証される場合、またその限りでの、支配団体のこと」[4]として規定され、団体とは「社会関係の秩序の維持が一定の人々の、すなわち指揮者の、また時には、必要とあらば通常同時に代理権力をもつ行政幹部の秩序維持の遂行にとくに定位した態度によって保証される時に、外部に向って規制的に制限されたまたは封鎖された社会関係のこと」[5]とされている。

『社会学の基礎概念』には、社会学および社会的行為の意味の概念から、社会関係、正当的秩序、団体、行政秩序、権力、政治団体、強制団体など各種の概念規定がなされているのであるが、これは、一方で、社会分析のための概念の整理であるとともに、他方で、別の角度からみるとき、かれの描く社会構造の性格を表明するものであると考えてよく、ここに引用された政治的なものの内容、あるいは国家概念の内容は十分に注意される必要がある。そこで、これらの定義を中心に若干の吟味をしておきたい。

第一に、行政幹部という言葉が多用されていることに注目しよう。ヴェーバー社会理論において、少なくとも、団体の性格をもつ限り、社会のなかに、支配・服従の状況の存在は不可避である。指揮者ないしは行政幹部のいない集団は団体ではない。かれが、集団を問題にする場合、注目するのは、この意味での団体の性格を有する集団である。かくして、指揮者あるいは首長、かれらをとりまく行政幹部、被指導者層という上下の支配服従関係が社会団体の一般図式として定位されることになる。

第二に、このことから、次の問題認識がでてくる。団体が団体として存続する限りは、団体内における秩序の存在が予想される。しかも、この秩序は団体の存在それ自体を決定するものであるのだから、団体にとっては不可欠のものであると同時に、時として目的ですらあり、その結果、当該団体がどのような種類の秩序原理に基づいて存続しているかの考察が最重要の仕事とみなされることになる。たとえば、支配の諸類型が試みられたのはこの例であるし、しかも、その分析結果は、かれの社会理論および歴史分析のすべてを規定しているといって過言ではない。

第三に、政治の性格についてである。団体一般と政治団体との比較から分かるように、政治的なもののイメージは、一定の地域の存在、支配の側の物理的強制力や少なくともそれを背景とした威嚇に基づく支配服従関係の存在である。すなわち「その行政幹部およびその諸秩序が一地域を支配することを要求し、かつこのことを暴力的に保証する」[6]団体に係わるような社会状況にヴェーバーが第一義的に考える政治のイメージがある。もちろん、このように述べることは、政治団体が暴力行使を常に唯一の手段として用いるということではなく、あくまで、他の手段が役にたたないとき、最後の手段としてそれを行使するということであるが、このことからヴェーバーが第一義的に政治的と考えているものの内容にかなりの限定が加わっていることを理解できるのである。

第四に注意しておかなければならないのは、かれが、政治団体（また国家）は団体行為の目的の観点からは定義しえないとしたことである。この理由を、かれは団体目的という面から考えた場合、どのような団体も、時と場合に応じて、各種の目的を必要な限り追求するものであり、また、他面、ある目的を団体すべてが追求することはありえないということに求めている[7]。従って、目的に従った分類は、政治団体の基準としては不適格であるとするのである。

第五は国家の性格についてである。かれは国家概念の近代的類型のための定義の必要を考える[8]。そこで、かれは、その意味での国家の特質を次のように捉える。ひとつは、国家という政治団体の行為は一種の経営と考えられていることである。二つ目は、行政秩序や法秩序の存在である。これは国家が政治団体の一種であることに由来する。三つ目は、この秩序は、当該団体の構成員に対してばかりでなく、支配された地域の全体、またそれらの地域のあらゆる行為に対しても効力を有することである。このような内容をもつ団体を地域アンシュタルトという言葉で呼んでいる。

この事実は四つ目として、国家が暴力行使を独占し、正当な行使者として位置づけられていることを意味する。五つ目に、団体加入の形式は、通常、出生によって行われるということである。

第六に、ヴェーバーにとって政治団体とはアンシュタルトの性格をもつものであるのだから、通常考えられる各種の団体、つまり明らかに非暴力をもって影響を与えることを目指す党派やクラブは、政治的に方向づけられた団体という意味で捉えられるが、これらのものの政治論上の位置は、第二義的な意義をもつことになる[9]。

第七として、もうひとつ問題にしておきたいのは、かれの政治理論のなかで、ここでいう政治団体とは異なった意味での共同社会が考えられていたかどうかということである。この点で、ヴェーバーは国民概念を論じているのであるが、論じつくされていないとはいえ、この場合の国民は、文化、言語、血族の共同とは異質な、政治闘争の際に生じるような一種の国民意識的なものである。文化や言語の共同が問題にされていることからみて、政治をその一部とする社会は想定されていることは確かであるとしても、政治を考える場合の重要概念としての基礎社会的な観念はきわめて希薄であったと思われる[10]。

これまでの論述から、ヴェーバー政治理論のかなり明瞭な特性と問題にすべき論点が浮かびあがってくる。第一に政治の第一義的なものが、各時代、各地域の支配的な地域団体におかれていること、従って第二に、現代政治の主題が国家にあること、第三に、秩序や支配層の問題に政治の力点がおかれていること、第四に、政治が理念の問題としてでなく、手段である政治権力をめぐる諸問題として設定されていることなどである。これらのことについてはマッキーヴァーとの比較で後に論じることにしたい。

第三節　マッキーヴァーにおける国家と社会

マッキーヴァー政治理論の特色は、個人、パーソナリティ、アソシエーション、コミュニティの相互関係を捉え、国家および政府の位置を確認することによって、現代社会におけるリベラル・デモクラシーの立場からの理論的考察を行なったところにある。

産業社会の進展、集団の噴出、国家権力と機能の増大という状況のなかで、政治思想上の共通にして最大のテーマであった国家と個人の位置づけは、当時の政治思想家達に与えられた大きな課題であった。他の多元的国家論者と同じく、マッキーヴァーが問題にしたのは、理想主義的国家論に対してであった。ボザンケ等に代表されるこの立場は、もともと、国家を自由の現実態とみるヘーゲル的国家観に由来するものであるが、その結果、多かれ少なかれ国家を強調することによって、理論的にも現実的にも、個人の価値そのものの喪失につながる性格を秘めたものであった。この種の考え方がでてくる根拠は何か。かれは問題の本質を確かめるために社会と個人を問い正し、社会的個人の概念に到達したのである。

政治論に限らず、社会理論上、個人と社会全体の関係についての論議は、しばしば問題になるところであり、ある時期に個人が過度に重視され、他の時期に社会全体が強調されてきたことは思想の歴史が物語っている。マッキーヴァーはその種のものを、前者に社会契約説、後者にヘーゲル主義的有機体説をみるのであるが、かれによれば、この種の理解がでてくるのは、単純な社会的事実を誤認しているからである。つまり、社会全体かあるいはその反対に孤立した個人が強調されるために、両者を併せもつ社会的個人が認識できないからであるというのである[11]。リベラリズムの系譜にあるかれが、従って、論難の相手をとくに一方の極に共通にみられる社会全体を強調する思考に向けたのは当然であった。なぜなら、この立場は個人を集団の一部として埋没させてしまうからである。

この論議の中で、かれが主張したのは、社会は、多数の生命と意識をもつ人々から成るということであり、いかなる神秘性をもつものでもなく、個々人の総和といったものではないということであった。その意味で、スペンサー、マクドゥーガル、デュルケーム等の立場が批判されたのである[12]。ところで、いうまでもなく、この意味で、主張される社会こそ、コミュニティと呼ばれるものである。しかも、この主張は同時に、コミュニティを確認することによって、国家と社会の関係と位置づけを行おうとするものであった。

国家と社会を区別するという考え方は必ずしも古いものではない。この区別を鋭く認識したのはヘーゲルであったが、かれは国家に理想主義的な政治社会像を求めたことで、国家に特殊な意味を付与させてしまった[13]。産業社会の進展は、しかしながら、一方で、自己の社会の確認という意味での社会の客観的な科学分析と、他方での、社会の複雑化に伴う社会諸領域の機能・役割の分化を認識させてくる。政治と経済、経済と社会、社会と文化等が、未分化な状態から、それぞれの機能に応じて、それ独自の(あくまで相対的ではあるが)分野を主張してくるにつれ、社会科学者はとりあえず、この分化を前提にして社会認識をせざるをえなくなる。かくして、近代社会における政治領域の最たるものである国家は、ただちに社会全体としてではなく、社会の一部ではあるが、社会全体とは異なるものとして認識する立場が政治思想の領域にも現われたのである。多元的国家論もそのひとつであった。

多元的国家論の重要性は、単に国家と社会の区別をしたということだけにあるのではなく、国家を本質的に各種団体のひとつとみなし、並列に位置づけたことである。つまり、国家を社会全体と同一視したり、他の個々の集団に対して上位に位置づけるのではなく、歴史社会に生成した各種の目的集団のひとつとみなしたことにある[14]。それゆえ、そのようにみなすことのできる根拠が問われることになるが、かれは、それを集団の形成因に着目することで解決しようとする。

マッキーヴァーによれば、社会には、全体的な共同生活を示すようなコミュナルな集団と、共同生活内の単なるひとつの形態としてのアソシエーショナルな集団の二形態があるが、後者の場合、一定の共通の関心を追求する人々の組織つまりアソシエーションであるがゆえに、この関心に応じて集団の分類が可能である。これに対し、コミュナルな集団は、なんらかの地域と共同生活を前提とする(後に『社会』では地域性と地域生活感情が指標として示された)[15]。この種の集団はその性格から、濃淡の差はあるにしても、その種の条件を満たす限り、どのような時代にも、どのような場所にも程度に応じて、重複的に存在しうるのであって、やがては、世界大を単位とすらする集団なのである。この種の集団がマッキーヴァーがコミュニティという名で呼んだものであった。

このような集団の性格に照らして、かれは国家をアソシエーションの一種として捉える。その理由は、国家は政治的な秩序の達成を主要な目的とする機能集団と考えられるからである。国家の第一次的用具は政治法であり、この法は、他のアソシエーションの法とは異なって国家内の成員を無条件的に拘束する。国家に与えられたこの独特の位置が、国家をコミュニティと同義と考えさせる誤解を生むのであるが、コミュニティが国境や大陸を越えて人と人とを結びつけるものであるのに対し、国家においては一国家の終りは他国家の始まりである。だれも「矛盾なく二国に忠誠を誓うことは出来ないが、共感と機会が得られれば幾つものコミュニティの生活にはいることは可能」[16]なのである。

国家をアソシエーションの一種とみなすこの考え方は重要な意味をもつが、それと同時に重要なことは、アソシエーションとコミュニティとの相互関係である。アソシエーションは、人々の同種の関心に基づいて結成される目的集団であるのだが、その基をなしている関心の発生は、コミュニティ内の社会的ニーズの結果であるとみなされる。つまり、人々が共通の関心を追求、実現しようとするのは、単にそのことに興味をもつからではなくて、コミュニティという生活共同において、歴史の進展つまり文化、経済、社会の進展とともにコミュニティ内に生起してくる諸問題や諸目的などの様々な解決すべき必要性が存在するということである。従って、アソシエーションはコミュニティ内のニーズを充足すべくつくり出された機能集団として位置づけられることになる。

アソシエーションとコミュニティのこの関係から、国家は当然にコミュニティのためにつくり出された機能集団である。国家はコミュニティを超えることはできない。むしろ、ナショナルレベルでいえば、その大きさのコミュニティのなかにこそ、国家を超えた共同目的や共同意思があると考えられる。このことは、政治を考える場合のコミュニティの重要性を示すものであり、これと密接に結びつくパーソナリティの政治理論上の重要な役割を物語るものである。[17]

第四節　権力と理念

先にわれわれは、ヴェーバーの政治理論の特性を、かれの社会に関する基礎理論の検討を通して理解してきた。かれのような巨大な理論家をこのような形式的な形で整理するのは確かに無理があるし、それのみで判断してはならず、実際の社会分析との関連が問題にされなければならない。それにもかかわらず、われわれがこの種の整理を行ったのは、基礎概念にみられるものが、かれの社会構造観を端的に表現し、しかもこのことがかれの政治論を大いに特色づけるとともに限定づけていると考えたからである。このことを論証するために『国家社会学』を中心に検討を行ない、併せてマッキーヴァーとのいくらかの比較を試みよう。

ヴェーバー社会理論の全体としての問題意識は、西洋社会にみられる諸特色が、他の世界にみられない性格のものであり、その根拠を追究したことにある。従って、基本的には西欧文明の発生因を問うているのであるが、この種の問題意識は、国家についても適用される。つまり「合理的国家という意味における国家は西洋にだけ存在した」[18]という言明がそれである。このような国家の成立には、かれのいう近代資本主義の発達という土壌があってはじめて可能であった。というのは、近代資本主義は賤民資本主義と異って、合理性に特色があるからである。近代資本主義は、それを支える諸制度の形式的・法律的原則にその特色があるが、これは計算可能性に結びつくものである。近代国家は国力増強のために法律と提携した。かくして、国家と形式的法律の結合は、近代資本主義発達の原動力となった。法律を専門的に担当する官僚の存在は近代国家の強大化の大きな要因であった。

資本主義と国家の関係については、ここでは問題にすまい。われわれのここでの問題関心からいって重要なのは、近代国家成立が、官僚層の形成との関連で捉えられていることである。つまり、近代国家の成立が、近代行政幹部の成立につながっていることである。ここには、かれの国家概念の定義と対応するものが明瞭に読みとれるのである。

ヴェーバーは、他の箇所で現代国家の本質を「行政スタッフたる行政官吏及び行政執務者の物理的経営手段からの分離が完全に成就され」[19]ていることに求めているのであるが、このような政治団体である国家は、歴史の過程で、他の政治団体を次々に凌駕し、現代政治のほとんど唯一の有意味な団体といってよい地位を獲得したのである。従って、政治は、第一義的には、国家という団体をめぐる状況として把握され、党派など各種集団は、先述のように、準政治的なものとして位置づけられたのはうなずけよう。第二節で述べてきたこととの関連でこのことを整理するならば、ヴェーバーにとって、現代政治とは、すぐれて国家に係わる行為として捉えられていること、その場合の国家とは一定地域の支配団体であり、その行為は本質的に経営を意味すること、経営の主体は行政スタッフを中心とした指導層にあること、そして、政治の基本は、目的自体をめぐる社会状況ではなく、目的の種類、内容がなんであれ、物理的独占体としての国家が目指す目的を責任ある行動を行なう経営体の行動にあった。この限りで、国家は目的に関しては全く中立概念なのである。

他方、マッキーヴァーの場合、政治はすぐれて目的に係わっている。目的設定なき団体は存在しない。国家は積極的には政治秩序を、消極的にはパーソナリティの開花[20]を目指して行動する市民からなる目的、機能団体である。他の政治団体も、それぞれの目的に応じた団体として理解される。国家は、ヴェーバーと違って、地域社会の中で絶対的な位置を占めるのではなく、その役割から、もっとも重要な意味をもつとはいえ、本質的には、基盤社会としてのコミュニティの機能を果すべくつくり出された団体である。ヴェーバーの国家観念が団体的性格と同時に共同社会的性格をもつのに対し[21]、同じく歴史的生成物として位置づけながら、マッキーヴァーのそれはあくまで、基盤社会のための機能的団体であり部分社会である。

この認識の相違は両者の権力問題へのアプローチに大いに関係してくる。

ヴェーバーの場合、権力概念は「社会関係のなかで抵抗に逆らっても自己の意志を貫徹するおのおののチャンス」[22]のように中立概念であるが、重要なことは、支配・服従の関係が政治団体の基本事項とされていることである。しかも少数支配の法則、つまり多数参加の社会ほど少数者の支配が行なわれるという社会学的認識のもとに考察されるのであるから[23]、その帰結は、社会の少数者である支配者や行政スタッフの研究に重心がおかれることになる。かれの支配の諸類型論が、一面、服従者の行動様式の性格をもっていながら、支配の形式の抽出や行政スタッフの行動様式として捉えられているのは、この点で興味深い。

この結果、かれの政治研究は支配的位置にある人々の研究に重心がおかれることになる。議会を論じる場合に政治指導者の養成という視点が貫かれているのはこの例であるし、指導者論などにもこの傾向が流れている。

これに対し、マッキーヴァーでは、権力問題の位置づけは全く異なる。権力概念それ自体はとくに異なるわけではないが、かれの場合、権力は近代国家の指標でもなければ、政治の決定的な指標でもない。権力概念はあくまで形式概念であって、重要なのは、権力状況の内容である。マッキーヴァーにおいて、権力に係わる社会関係は内容に質的変化を生じるものである。かれは『権力の変容』のなかでそれを次のように捉えている。

権力の変容には歴史的段階がみられる。最初は権力と暴力の同一視である。次の段階は暴力にそれまでみられなかった歴史的役割が与えられたこと、つまり物理的な力による、部族を越えた社会の拡大ということであり、そのために暴力が使用され、更に進展して拡大した社会における集団間の抗争が暴力以外の方法で解決されるようになる段階であり、第三段階は民主的原理の出現、第四段階は奴隷制からの人類の解放、そして最後に植民地帝国の分解である[24]。要するに、マッキーヴァーにとって、権力の変容は、暴力の相対的役割と範囲とが縮小してきたということであり、「社会的諸関係を整理するときの暴力の役割が、その性格を変えたばかりでなく、その範囲がきわめて制約されてきた」[25]という認識である。

このような認識が可能であるためには、政治プロパーを超えた規制力、たとえば、知識・知性の向上、科学の進歩、文明の発達などの前提があってはじめて成立する。それは未来の進歩への信頼であり、かれのコミュニティ論やパーソナリティ論が前提となるときに成立するものである。

かくして、政治の重点を政治団体(現在では国家)におき、そこにみられる形式面に注目するヴェーバーと、政治をコミュニティとの関連で捉え内容に重心をおくマッキーヴァーとは、あざやかな対照をなしていることが分かろう。この相違は単なる対照的な相違にとどまらない。さらには、かれらが政治考察において、何を問題の対象にしたかの問題に係わるものである。

第五節　大衆社会と自由

前章で、われわれは、大衆の問題が、問題点として捉えられるのではなく、積極的に近代的個人の問題として位置づけられていることに言及した。若干の補足をするならば、このことは、マッキーヴァーが大衆化状況の到来を認識していなかったということではなく、その種の状況の到来にもかかわらず、個人を大衆化されたネガティブなものとしてでなく、類として平等な発展性と多様性を帯びた人間として位置づけていたことを強調したいのである。

リベラリズムが、その根拠を天賦人権説に求めようと、功利主義学説に求めようと、自由にして平等な個人という理論上想定される個人を予想していることは間違いない。関心に志向される意志をベースとするマッキーヴァーの社会的個人観は、一八世紀から一九世紀にかけて、すでに階級問題が発生し、自覚されてきた後の社会思想であることを考えるとき、社会主義思想とは異なった意味での、自由にして平等な個人の理想像を追求したという点で、マッキーヴァーを近代的啓蒙思想が追求した個人観の正統な継承者の一人として数えあげることができるのではないかと考えるものである。

かれの個人観のベースは、社会的個人としての人間のもつパーソナリティの所有ということにある。個性と社会性を内容として構成されるパーソナリティは、まさしく、人間だれもが共通に所有し、その開花が期待されるものとして捉えられる。人類の歴史は、過去においても、現在においても、カースト制や階級のように、パーソナリティの発展と開花を阻んできた状況の連続である。しかし、長期的にみれば、知識の増大と視野の拡大とともに、漸進的ではあれ、社会はパーソナリティの開花、発展の方向に(従ってコミュニティの発展の方向に)進みつつある。マッキーヴァーの人間観を大ざっぱに要約すればこのようになるであろう。そこには大衆社会論のもつ人間への不信感、孤独に陥った個人観はみられない。

自由とは、従って、本質的にコミュニティの中で、諸個人が、自らの関心に基づいて選択する行為の可能性である。そのような自由は開明の程度、教化の方式に応じて各種の段階があるとはいえ、その種類は限りなく、本質的に種差による優劣の関係はない。それを根底的に支えているものは、特定の団体であるアソシエーションではなく、アソシエーションに入る個人の選択の契機であり、さらにいえば、全文化領域のもの、すなわちすべての創造的技術が大部分の生活方法の自由を尊重させるようなコミュニティの存在である。このような基本認識は政治的自由のもつ重要性を否定するものではない。むしろこのことに注目してこそ、この問題の意味が十分に理解できるのである。このことは、かれの民主政治論を理解することによって可能である。

民主政治は、基本的には、コミュニティに対する国家や政府の対応の仕方にある。「コミュニティは政府がコミュニティに打勝とうとするいかなる試みにも反対することを認許されている」[26]のだが、その具体的内容は、第一に政府に対立する自由であり、第二に政府を成立させたり解体させたりする自由である。民主政治特有のこれらの自由、要するに抑圧に対抗する自由は、基本的自由として、他のなんらかの自由をも保証するものである。

これらの民主政治に特有な基本的自由を前提とし、それによって保証される重要な位置にある自由は、次の引用文のなかに見出すことができる。「もしある人間がかれの思想を伝達しかれの意見に自由な範囲を与える権利を否認されない時、かれがかれの価値が目的を共にする人々と自由に団結しうる時、同時にかれが、かれの意見が他の悉くの人の意見と同等の価値をもつかもしくは少なくとも同等と考えられるところの市民であるとき、そうした時にかれの人格は最悪の抑圧から保護されるのである」[27]。

これらの論議から、かれの考える政治における自由の性格を簡単に整理すれば次のようになろう。

第一は、自由に団体を設立し、参加し、解消する自由である。これは政治アソシエーションの存立に係わる行為である。

第二は、設立された団体としての国家およびその機関である政府は、パーソナリティやコミュニティの本旨にそむくような自由の拘束を行なってはならないことである。

第三は、アソシエーションへの参加はあくまでコミュニティとパーソナリティの内容の豊富のためにあるという主張である。

第四に、思想や意見の自由の重要性の主張である。

第五は、自由の保障の問題である。

いずれにしろ、「社会の他の人々に害を与えないかぎり、社会の構成員のもつ創造的衝動が表現される自由を与える秩序が成立している社会」[28]こそが重要なのであり、このことは、類としての社会的個人の発展の可能性への信頼である。

他方、ヴェーバーの場合、自由に関する論議は必ずしも明確ではない。かれを自由主義者として位置づける立場もあれば、正反対に権力国家論者とみなす立場もある[29]。前者の場合、その論拠を『国家社会学』にみられる議会論などに求めている。確かに、かれは、個人としては自由人であった。しかし、人類や社会的正義などの原理的あるいはイデオロギー的な意味での自由主義者であったかはきわめて疑わしい。

第一に、かれの国家概念をみると、目的々視角は完全に脱落している。目的が何であるかは、当該国家の必要に応じて定められるものであって、国家をみる場合の重要な観点は、目的に応じた責任をもった良き経営であるか否かである[30]。

第二に、リベラル・デモクラシーにおいて民主主義はそれと密接に結びつく理念性をもった自由が前提とされるのであるが、ヴェーバーにおいては、民主主義は、あくまで、国民の選出によらない権力保持者が支配する権威主義的国家を克服するための統治形態のひとつであって、民主主義は理念の問題でもなければ、唯一最上の形態でもなかった[31]。

第三に、右のものと関連するが、議会主義化と民主主義とが必ずしも相関関係にあるものではないとしていることである。つまり、このことは、民主主義あるいは民主化ということが、一面、大衆の政治への進出として捉えられ、参加者数の増加は、政治において感情的要素が重きをなす、デマゴギッシュな政治指導者を生む大衆民主主義となる可能性が大きいと考えられていることであり、議会主義が支配的な場合は、委員会活動や政党活動によってその種の危険が防止できると考えていることである。この意味での議会重視の面が強いことに注意されたい[32]。

第四に、従って、議会にしろ、政党にしろ、指導者選出の重要な過程として捉えられていることである。これは指導者への注目というかれの団体論から本来的に出てくる結論である。

第五に、指導者の重要性の強調は、かれの歴史哲学のひとつともいってよい社会の官僚制化とその問題点の是正につながっていることであり、それは同時に、大衆進出という意味での民主化に関連しているということである。すなわち、民主化による組織や社会の巨大化、複雑化は、一般の団体であれ、政党であれ、国家であれ、専門的官僚層の出現と強化を招来し、好ましくない意味での官僚主義に支配されるという認識である。かれが、このような指導者を嫌悪するのは、かれらを政治的な意味での無責任な政治家と考えたからである。なぜなら、ヴェーバーにとって、本来の職業としての政治家となるものは、責任、見識、情熱をもつ人であり、心情倫理でなく、責任倫理をもって行動する人だからである[33]。

以上のことから、第六に、ヴェーバーにとっては、普遍、平等を前提にした、人権の性格を有する自由が求められていたとはいえず、人間的自由の観念があったとしても、別の種類のものであったとも考えられる。

かくして、大衆社会と自由の問題についても、ヴェーバーとマッキーヴァーは、かなりの対照をなしていることが分かる。ヴェーバー政治論が、指導者あるいは指導層の問題に焦点が合わされていて、大衆がネガティブな評価をされているのに対し、マッキーヴァーでは、第一義的な重要性は日常的個人に求められている。前者が組織における人間に注目しているのに対して、後者は、その前段階としての社会とそれに関連する個人に着目しているのである。

第六節　おわりに

これまで論じてきた諸点は、ヴェーバーとマッキーヴァーの政治理論の基本的なものに関する部分であり、あくまで一部分にすぎない。両者の著作は多量かつ大部であって、内容の検討は様々な角度からなされる必要があろう。

われわれは、ここでなんらかの価値判断的な評価をしようとは思わない[34]。われわれが、興味をいだいたのは、論者の社会構造観が、かれの政治理論を大いに規定し、制約しているのではないかということであった。なぜなら、論者を単に思想家としてのみ捉えるのではなく、論点を理論問題として捉える場合にはその種の見方が必要だと思うからである。このような観点からみれば、論者が社会のどの部分を、どの範囲で、どのような関連のもとに位置づけているかを意識的に検討できるし、それらの批判的検討により、別の角度からの社会構造論への道を開く可能性が与えられると思うからである。

本章では、従って、ヴェーバーとマッキーヴァーが、社会のどの部分を重視し、その結果、どのような見方を生み出すかを、特に社会、政治視角の基本点に焦点を合わせて論じてきた。もとより、満足のいくものではないが、論述の過程で現われた、コミュニティ、国家、アンシュタルト、行政幹部、パーソナリティなどの概念やそれらの相互関係などは現代政治を考える際にも重要なものであり、今後、十分な検討を要求される性格のものであろう。

注

1 M・ヴェーバー(阿閉吉男・内藤莞爾訳)『社会学の基礎概念』角川文庫、一九六八年　八五頁。
2・3 同書、八二頁。
4 同書、八五頁。
5 同書、七六頁。
6 同書、八六頁。
7 同書、八六～八七頁。
8 同書、八八頁。
9 同書、八七～八八頁。
10 M・ヴェーバー(浜島朗訳)『権力と支配』みすず書房、一九六五年、一八九～二一五頁「勢力形象・国民」の項参照。
11 R. M. MacIver, Community, Macmillan and Company Limited, 1920, p. 69、および R. M. MacIver and Charles, H. Page, Society, Macmillan and Company Limited., 1967, pp. 42-48.
12 op. cit., Community, pp. 69-97.
13 家族、市民社会、国家の三段階論である。くわしくは、G・ヘーゲル(藤野渉・赤沢正敏訳)「法の哲学」(中央公論社『世界の名著』一九六七年、三五)を参照。

14　このことは、政治社会における国家の重要性を否定するものではない。国家の他のアソシエーションに対する強大な立場は現実に存在するが、それはあくまで、国家に与えられた機能に由来すると理解されるところに特色がある。

15　op. cit., Society, p. 9.

16　op. cit., Community, p. 29.

17　この間の事情については、拙稿「R・M・マッキーヴァーの民主政治論」(『高千穂論叢』第一〇巻第一号)で取り上げている。

18　M・ヴェーバー(石尾芳久訳)『国家社会学』法律文化社、一九六六年、一頁。

19　同書、一二三頁。

20　R. M. MacIver, The Modern State, Oxford University Press 1964, p. 150.

21　「国家とは……合法的な物的強制力の独占を要求するところの人間共同体である」(前掲『国家社会学』一八頁)。

22　前掲、『社会学の基礎概念』、八四頁。

23　M・ヴェーバー(世良晃志郎訳)『支配の社会学』創文社、一九六七年、二二六～二二七頁。

24　R・マッキーヴァー『権力の変容』(中央公論社『世界の名著　バジョット、ラスキ、マッキーヴァー』)一九七〇年、四七九～四九三頁。

25　同書、四八一頁。

26　R. M. MacIver, The Web of Government, The Free Press, 1965, p. 151.(秋永肇訳『政府論』勁草書房、一九六一年、一二三六頁)。

27　ibid. p. 151.(邦訳、一二三七頁)。

28　前掲『権力の変容』四三六頁。従って、抑圧の排除が主張されているのであって、基本的人権や自由を奪わないように政府が秩序を保つようにすることはむしろ前提に属するものであり、他人への危害などは問題外であることはいうまでもない。

29　たとえば、前者では、青山秀夫『マックス・ヴェーバーの社会理論』岩波書店、一九六三年に、後者ではT・P・メイヤー(五十嵐豊作・鈴木寛訳)『マックス・ヴェーバーの政治社会学』勁草書房、一九八六年。

30　とくに前掲『国家社会学』第二章「合法的強制力を独占する機構的支配団体としての合理的国家」を参照のこと。

31 このことは『支配社会学』や前掲『国家社会学』の民主主義の使用法に端的に表われている。

32 カール・レーベンシュタインによれば、ヴェーバーは、元々、君主制主義者であった。ヴェーバーは「議会主義をそれ自体が目的でもなければ、本質的に追究すべき価値をもった理念でもなく、むしろ、官僚制を効果的に抑制する一つの可能性であると同時に真の指導者を選出する最善の手段と考えた」(得永新太郎訳『マックス・ヴェーバーと現代政治』未来社、一九七九年)ことにあるとしている。すなわち、歴史の流れともいってよい官僚制支配を打破するには君主制ではすでに不可能となったために、その代役を議会主義に求めたというのである。注目すべき指摘である。

33 M・ヴェーバー(清水幾太郎他訳)「職業としての政治」(河出書房『世界の大思想・ヴェーバー政治社会論集』一九六五年。

34 本章の論議から、マッキーヴァーが民主政治論者であり、ヴェーバーが非民主政治論者であったという結論を導こうとするものではない。この種の問題には、もっと多角的な突っ込んだ研究が必要だからである。前者が、リベラル・デモクラットであることは疑いえないが、ここで注目したいのは、両者の論点のいずれもが、民主主義を考える場合でも、政治一般を考える場合でも、重要な部分をもっているということである。たとえば、ヴェーバーの場合、前述のような議論は、社会への醒めた現実認識から来るものであるが、民主政治における指導者論、責任論は、ヴェーバーの文脈とは異った意味でも重要である。また、討論の場としての議会、委員会の役割に関する論議は示唆に富むものである。従って、思想史的位置づけよりも、両者が、政治と民主主義に関する問題の重要な側面を異なった焦点と観点から提起したと考える方が、政治理論の問題として捉えるときは、有意味であると思うのである。

第三章　国家論
──H・J・ラスキとの比較で

第一節　はじめに

R・M・マッキーヴァーの政治理論を論じようと思ったのは、かれの理論を単に多元的国家論の問題としてだけでなく、理念論型政治理論家としてみた場合のマッキーヴァーが、現代政治にどのようにアプローチできるのかという問題意識からであった。このような問題意識があってはじめて現代政治理論を比較のなかで位置づけることが可能となるし、その種の理論のもつ特質と限界とを理解でき、そこから新たな展開への道が開かれると思うからである。

そこで、政治プロパーの領域でかれがどのような政治論を展開していたかであるが、やはり、国家論が重要な主題のひとつであったことは間違いない。したがって、われわれもまた、まずかれの国家論を取り上げざるをえないのであるが、その場合、先の問題意識から、通常、多元的国家論者に対してよくなされるような、国家論史的研究としてではなく、かれの社会理論全体のなかでの国家論の意味あいを検討してみるという形で論じてみたい。

そのためにも、またかれの国家論をより鮮明なものとするためにも、同じく多元的国家論者として有名なH・J・ラスキの国家論を紹介、検討しておきたい。ラスキを取り上げるのは、かれが、多元的国家論者のなかで、もっとも理論的変遷をした理論家として知られているからである。

われわれの理解では、マッキーヴァーは、若い頃より晩年に至るまで安定した理論を展開した理論家であるが、この点でラスキとの相違は顕著なものがあり、両者の相違をみることは、マッキーヴァー政治理論の特質をよりよく理解させるのに役立つであろう。

第二節　ラスキ国家論の特質

まず、ラスキの国家論からみることにする。

ラスキの初期の著作は、かれが多元的国家論者として活躍した頃のものである。『主権の基礎』は、従って、この意味では、かれの初期の時代の政治および国家に関する関心がどこにあったかを知る意味で興味ある論考であったといえるであろう。

かれは、国家一元論のどこに問題点があるかを分析している。ラスキによれば、国家一元論には哲学的立場から政治をみる立場と法的観点から政治をみる立場とがあったという。このうち、哲学的立場は、G・ヘーゲルのように、国家学に関心をもち、国家の理想や国家形態を主題とした。そして、最終的には実際の事態からははるかにはなれた国家像を描く結果になったが、その原因はヘーゲル哲学が危機の時代に生まれたところにあり、フランスの統一によってドイツの多元性についての幻想が破壊されてしまったという状況が現れたためであったとしている[1]。

他方、法学的観点から政治をみる立場の場合、国家一元論者達は権利問題に関心を示してきたのであるが、結局のところ、「国家の権力には法的制約が存しない」[2]という主張であったと指摘する。国家一元論者達がこのような形で国家の優越性を主張するのは、事実の問題として、人々が国家の要求に対してそれを回避できる確実な手段をもっていないこと、国家の影響力の浸透など、国家権力の優越性を示す状況が現実に存在したことにある。しかし、ラスキによれば、この事実は国家による無制限の権力奪取の可能性を示すかもしれないとはいえ、国家の全能性の容認を意味するものではない。それにもかかわらず、国家一元論者達がその種の主張をするのは、このような考え方を導くに至ったJ・ボーダンをはじめとしたこの学派の始祖達が危機の時代に生れたことと密接に関連していたとみるのである。

危機の時代という共通の時代背景が哲学的国家一元論と法学的観点からする国家一元論を生みだしたことと同時に重要なことは、両者がむしろ相互に補完的な関係にあったことにある。すなわち、「法律家の思考様式は哲学者によって否定されるよりむしろ拡充されてきたのであり」[3]、「法律家のしたことは、哲学者による道徳的上部構造のために、基礎を提供することであった」[4]のである。

国家一元論者達はこのようにして国家の優位性、絶対性を主張してきたのであるが、このような態度には、中世の教会の態度とオーバーラップするところがあるという。すなわち、宗教改革派が教会に挑戦したとき、教会は自己の統一性の維持を至上の課題とした。教会側からすれば宗教改革派はこの統一性を損なうものである。この統一性が失われることへの恐怖、つまり多様性に対する恐怖心にみられる教会の行動は国家一元論者の考え方に移しかえられていたとする。その結果、国家一元論者が主張したのは結局のところ「政府が人間の最大の領域を代表し、そこで政府がその利益の及ぶ領域を制度として表現する資格があるという確信」[5]が生れた。このことは近代国家の成立時に国家がその種の役割を果たしてきたという歴史に由来するものであるが、それが現在も続いているという確信となって、国家の目的と努力の一元性、国家の絶対性、優位性の主張となったというのである。

ラスキのこれに対する批判は、経験的(あるいは歴史的)にみて、現実の政治においては、どのような政治組織も自己の利益を追求するものであり、それゆえ普遍的な動機は成立しえないこと、特定の政府機関に合法性のゆえに巨大権力を与えることは正当性の名の下に強制が行われやすいこと、そのようにすることは大衆から自由を支配者に譲り渡すことを意味し、政府の失策に対する責任の欠如を生みだすという問題があるということであった。

これに対して、ラスキによれば、多元的国家論が成立するのは次のことがある場合である。第一に国家が政府と国民に分かれた領土的社会であること、第二に政府が保有すべき権威について仮説を設けないこと、第三に国家は歴史的な存在であること、第四に国家の構成が調和的であり、主権が機能を基礎として分割されていることである。

これらが指摘されたのは、国家が論じられる場合には行政能率の必要性と個人の自由、意思、責任の問題が重要であるとラスキにおいて認識されていたためである。すなわち、かれは、アリストテレスにならって「市民であることは統治されるのみならず、統治する能力を保有することである」[6]ことの重要性に着目している。

このことの意味は第一に国家の構成が調和的であり主権が機能を基礎として分割される必要があること、すなわち、そうすることによって、特定の人々が過度な仕事や権限のために怠慢や専制になることを避けることができるということであり、第二に人々が自発性をもち責任に対して敏感になることによって市民として価値を正しく評価でき、政府の仕事の評価について真の意味での同意が機能するということである。

ここにみられる行政上の目的達成と真の責任確保という考え方はかれの多元的国家論の基本的な考え方である。とくに真の責任という考え方はかれの政治思想の原点といってもよいものである。つまり、人は真に自由な市民すなわち「個人はひとりであるいは他の者とともに意思の内容を吟味することにより、それが正当であるか否かの判断」[7]を下すことを要求されるということである。このことは正当な行為以外すべての主権を究極的には否定するということであり、ひいては一元論的な国家主権を拒否し、国家の行為を他の結社の行為と同等の地位におくことを意味していた。すなわち権利を自覚できる真に自由な市民が生れるとき惰性的受容が打破され、国家主権が制限され、責任意識に基づく多元的な政治社会が形成されると考えたのである。

『主権の基礎』ではラスキの多元的国家論者としての考え方の方向性が示されたといえるが、多元的国家論をより明確な形で提起したのが『政治学大綱』である。そして、同時に、そこでは国家成立についての基本的考え方も示されている。このことを次にみよう。

『政治学大綱』においても、理想主義政治哲学が問題にされている。ラスキの理解によれば、この政治哲学の主張は第一に真の意志の存在の主張、すなわち真の意志は社会の全成員によって共有されていること、第二にそれが国家に最高の形を見出す共同意志として現われること、第三に、従って、国家はわれわれ自身の最高部として考えられること、第四に右記から、国家の意志とわれわれ個人の意志とは同一であるがゆえに政治的義務があると考えられること、つまり国家に服従することは自己自身に服従することであると考えられていたということである。

これに対し、ラスキは、第一に人々の意志はたとえ類似の部分はあるかもしれないが同一ではないこと、従って、人間の諸意志のどうにもならない多様性こそあらゆる政治哲学の出発点であること、第二に意志は合一した単一の意志となることはないこと、第三に共通意志が国家に具現されているという考えは日常経験と合致しないこと、すなわち、慣習、制度、信仰は偶発的な半意識的な形で成長するものであり、国家の意志も同様で、社会的諸力を支配しようと競い合う何千万の意志の戦いのなかから採用される意志であること、第五に国家意志に特別の道徳的属性をくっつける権利をもたないと主張した[8]。

では、ラスキ自身の国家についての考えはどうだったのか。かれは国家がどうして形成されたかについて述べている。

「近代世界では人は政府の権威のもとに生活する。そして政府の命令にしたがう義務は人の本性にもとづく諸事実からでている」[9]。「近代国家は政府と被治者とにわかれた地域社会」[10]である。これらの引用からも分かるように、ラスキにとって、国家の形成は、政府の存在と政府命令に従うという理由の存在に依存する。ラスキによれば、国家の形成は仲間との平和な関係の維持、人間の複雑多様な衝動を制御することの必要性、正邪の慣習的標準の必要など共同生活の存続のために不可欠の事柄があり、これらを個人の決定に任せることは社会を混乱に導く。このような事情から政府が発生し、国家が成立したとみるのである。

このようにして、国家が成立すると考えられるのであるが、その場合大事なことは社会と国家を同一視してはならないことである。なぜなら、社会をつくりあげているのは社会的、芸術的、個人的、政治的諸利害であり、これらを単一の国家意志に集約することは不可能である。国家意志は最大の意志でありうるとしても、結局のところ政府意志として表現される意志であり、この意味では社会のなかの特殊面であるというのである。

国家については主権論の観点からも多元的国家論が論じられている。領土的全能的国家論は、国家は主権国家であり、従って自己の意志を他の共同体に自由に注入でき、自己の支配する領土内のすべての人間と結社とに命令をでき、どの種類の法的制約もうけないとするが、この主張は歴史的にも事実に反するし、法的には意志の内容が不明確で有効な法的主権理論となっているとはいいがたく、あらゆる社会秩序には終局的帰属中心が必要で論争を解決しうる権力を必要とする政治的主権論は正しいとはいえず、むしろ道徳的に危険であるとする。

ラスキによれば「権力の性質において重要なことは、それが仕えようと志す目的と目的に仕える方法である」[11]。人は結社を形成するが、結社が存在するのはそれに参加する人々の共同目的を達成するためである。この意味で、国家も他の結社も変りない。国家は成員たることが強制される結社であり、根本的に地域的である公共サーヴィス団体であり、「全一体としての社会が自分の一般目的の成就に不可欠と考える水準に共同必要を確保するため」[12]統制機能をもつという点に他の結社との相違点を有するが、「国家は、あらゆる他の集群と全く同じく、社会内においてある機能を果しているものであり」[13]、「国家は他の諸団体が、そこからでてくる母体なのではなく、それらの団体に優越した関係にあるのは、市民が道徳的権利にもとづいてそうだと判断するからに他ならない」[14]と述べることで国家が唯一の主権であることを拒否し、「国家の権力と国家のかちうる忠誠は、その致富のために国家が何を成就するかに常に依存する」[15]とする。

このような主張の根底にあるのはすべての原点にあるのは個人ということである。つまり、われわれが国家に所属するのは「国家の目的のためではなくて、われわれ自身のためなの」[16]である。従って、人々が国家に服従するときは、国政の担当者が国家の目的を人々が評価できるように実際に有効なものとしようと努力しているか否かが重要な目安となるのである。

以上のことからも分かるように、ラスキのこの著書での国家論が『主権の基礎』と同じく、個人が出発点になっていたことが分かる。

ラスキの多元的国家論の考え方は以上二著書に示されているのであるが、かれの国家論は後に重要な変更をみることになった。その内容は『国家』に展開されるのであるが、その内容をみる前に、同書が書かれた時期『政治学大綱』の再版の序章において、かれ自身が多元的国家論について言及しているのでそれをみておこう。

ラスキによれば、多元的国家論者が問題にしたのは、理想主義政治哲学が法的全能権を要求していること、および国家がその領土内の社会の利害を代表するという根拠から市民の忠誠を要求していたことであった。これに対し、多元的国家論者達は、法的全能権はしばしば無効な純粋形式的概念にすぎないこと、人々の忠誠は経験上からみて単一ではなく多元的であること、国家は社会内の多くの結社のひとつにすぎないこと、国家の権力には常に制限があり、制限は国家が果たそうとする目的とその目的について人々がなす判断との関連で決まってしまうと主張したことにあった。

また、多元的国家論者の学説のなかで正しかったと考えられるのは、第一に純粋に法学的国家理論は決して適切な国家哲学の基礎を形成しないという知覚、第二に国家は倫理的権利や政治的英知という理由では服従を要求する資格は他の集群と同様にないという知覚、第三に国家の主権は根本的にはそれ自身道徳的に中立の強制を行使することで有効にされた権力の概念であるという知覚であったとする。また、多元的国家論の弱点とみられるのは第一に階級関係の表現としての国家の本質をよく理解しなかったこと、第二に社会の法公準を限定し支配することのできる他の方法がなかったため国家が不可分無責任の主権を要求せざるをえなかったことを十分に強調しなかったことにあるとし、多元的国家論者の理論は実質的には階級なき社会における国家論であったのであり、そこでは政治にみられる闘争およびそれに必要な国家強制の問題が十分に認識できなかったためであるとしている[17]。

この考え方はラスキをマルクス主義的態度への容認に導き、この観点からする国家論が『国家』において論ぜられたのである。次に同書の論旨を追ってみよう。

同書の議論のうち、第一章の最初の部分は先の二著書で紹介してきたことのくり返しといってよい。すなわち、人間の本性のゆえに人々は異なった行動をとるがゆえに社会行動を制限することの必要性、そのためには強制的権威が必要であること、つまり、政府(したがって、国家)が必要なこと、強制的権威が人々の服従を要求できるのは最大限の要求を政府が満足させようと努力するか否かにかかっていること、国家の目的は人々によって是認される必要があること、国家の努力の意味は、そのために設定された目的が実現されることが重要なこと、しかも、それの結果の判定は市民が経験的に判断するものであること等である。

また、同書では、政治概念の定義と相互関係の位置づけが試みられている。それによれば、第一に社会は「自分たちの相互の欲求の満足のために共に住み、共に働いている人間の一集団」[18]を意味し、欲求には宗教的、文化的、家庭的など様々なものがあるが、経済的なもののもつ重みはとくに大きく、事実上、民族国家の形式をおびていること、第二に国家は「社会の構成分子たるあらゆる個人又は集団に対して合法的に最高な一個の強制的権威をもつことによって統合された社会」[19]であり、国家は個人や宗教、文化、政治、経済などの目的を達成するための団体が、国家の一種の強制的権威によって限定されるとき成立すること、第三に国家のもつ権力が主権と呼ばれるものであり、強制権力を意味すること、第四に政府は、国家が「自らが自由にしうる最高権力を国家の名において運用する一団の人々」[20]のことであり、国家の代理者として権力の諸目的を実現する行政機構であること、第五に国家はその意志を押し通すために強制を行う合法的権原に依存するところの権力組織であり、その手段が軍隊であることである。この最後の部分は倫理的な意味ではなく、事実の中立的立場からの叙述であるとされる。

同書の理想主義国家論に対する批判も前二書と同一線上にある。ラキスによれば、この国家論は、法学者の国家観を受容し、そのうえで、法律家が論じる範囲以外の部分に自らの判断を加えて、現存国家の実践のために弁護の根拠を見出そうとしたこと、要するに、理想主義国家観の立場からする国家の正当化であったという。

その内容はかれら理想主義国家論者は、自由の概念に特殊な意味を与え、自由の本質を自己決定としながら、その目的が社会の一般的目的に合致することとされ、そこで目的達成が義務とみなされ、国家への服従が当然視されたことによって、「個人の真実の意志は国家の意志に等しい」[21]とされたこと、政治的義務の観念を国家を通じて具体化される共同善概念に基礎づけていること、全体はその諸部分より大きく重大であるとみなす考え方があること、国家はあらゆるものを抱擁する一個の統一体であるという観念をもっていたことなどである。

これに対して、ラスキは、理想主義国家論者は意志の本質や個性の本質を理解していないこと、共同善が現実の国家において達成されうるかは未解決の問題であること、全体つまり国家の行動は現実には政府の行動であるところから、たとえ合法的なものであったとしても、正当性をもつと必ずしもいえないこと、人々の利害は多様であり、それらが国家において一致するということは考えられないとして批判するのである。要するに、理想主義国家論は国家に関して適切な説明をしてこなかったと結論づけたのであるが、ではラスキにとって適切な説明とはどのようなものなのか。

ラスキは政府の行為を中心にしないような国家理論は適切な理論ではないと述べている。なぜなら、市民が国家の本質を判断できるのは政府の行為からだけであると考えているからである。ところで、国家に関してかれがもっとも重要であるとみなしているのは国家が依怙贔屓をしてはならないということである。依怙贔屓は不平等を導くし、社会に嫉妬と憎悪と党派間の争いを生みだし、そのことによって、「共同生活に対する大衆の忠誠を破壊し、引いては彼らに、この共同生活を打破しさえすればもっと正しい国家観念への道を切り開くことができると思いこませる」[22]ことになるからである。

右の論述から、『国家』における国家論の趣旨は、国家に服従するか否かは市民の判断によること、国家が服従を要求できる場合は市民の欲望の満足を可能とする意志と能力を国家がもっていること、欲望を満足させるにあたって依怙贔屓があってはならないということであった。

このような視角から歴史上の現実の国家をみようとするとき、ラスキは歴史哲学の必要性を説く。これは歴史的事件の因果関係を説明できる歴史哲学のことであるが、ここに至って、ラスキはマルクス主義の解釈を受け入れることになる。すなわち歴史は「生産過程の意味を理由として、自分たちが主張する権利があると思っている諸要求を擁護することを意図する諸集団間の闘争の記録である」[23]。また、「生産手段が私的に所有されている社会における主要な事実は、生産手段を所有する階級とかかる所有の恩澤に浴しえない階級とのあいだの国家権力の掌握のための闘争であると。この結論は、国家は常に前者に依怙贔屓するものであることを暗に意味している」[24]という陳述のうちに示される。

この結論から当然考えられるように、現在の国家は正真正銘の民主国家ではなく資本主義的民主国家、つまり、「政治的には社会の物資的恩恵に対する各市民の平等の要求権をみとめるべき国家である。同時に、経済的には、資本主義を土台としているため、物質的恩恵に対する平等の要求権を利潤獲得の必要を慮って制限しなければならぬような国家である」[25]ということになる。

ラスキによれば、ひとつの体制が寛容であるか否かは経済が階級間の暗黙の要求に矛盾しない間だけと考えられることから、資本主義の収縮期において、民主主義の維持が可能かどうかという問題が常に伏在しているということであるし、現代における国際関係においては「資本主義社会における国家は資本主義の利益を保護するために主権的であらねばならぬ」[26]のであり、国家主権と世界秩序との両立は根本的に困難であるとするのである。従って、国際秩序を実行あるものとするためには近代社会の階級関係を改革すること、つまり資本主義社会の変革にあるとするのである。

第三節　マッキーヴァー国家論の特質

次にマッキーヴァーの国家論に移ろう。ここでは、ラスキ同様、マッキーヴァーの国家論がどのような推移をたどったかをみながら、かれの国家論の全体像をさぐってみたい。

多元的国家論者にとって重要な出発点のひとつは国家と社会つまりコミュニティの区別にあるが、マッキーヴァーも同様にこのことを論じている。「新ヘーゲル学派の『社会』と『国家』の同一視批判」[27]という論文の中で、かれはJ・ルソー、G・ヘーゲル、ボザンケらを国家と社会を同一視した人々として取り上げている。

周知のように、ルソーは『社会契約論』において、一般意志説を展開した。マッキーヴァーによれば、一般意志が国家における真の主権者や究極的な権威である限り、このことはあらゆる民主主義国家の教義として容認されているものであるのだから問題はないという。ところが、ルソーは同時に一般意志が道徳的主権と同一であることを主張してしまった。従って、一般意志つまり主権は不可誤であり、正しく行動しなければならないと考えたとする。

マッキーヴァーによれば、民主主義国家の機構が整備されると、政治的には、一般意志はつまるところ人民の多数決にかかることになる。それゆえ、大多数の意志が政治原理となるというのが現実にみられる政治である。従って、「法律上の原則は、主権者の行動の法的正当性は擁護しても、主権者の道徳的正義は未定のままにしておくのが通例である」[28]。ところが、ルソーが一般意志といった場合、そこに主張されていたのは道徳的正義と同一であるということであった。ここにみられるのは理想と現実の混同であり、政治秩序と社会秩序を同一視し、さらにいえば理想と利害との完全な複合を考え、社会に生命をふきこもうとしようとしたものであったと指摘される。

ヘーゲルの場合、国家と社会の区別がみられる。しかし、マッキーヴァーによれば、ヘーゲルの場合も問題があるとする。すなわち、ヘーゲルのいう市民社会は一般的には経済的欲求に基礎をおくコミュニティと考えることができる。ところが、ヘーゲルはこの部分に法律、警察など国家制度にあたるものをその一部として入れている。また、経済的なもののみが国家組織から区別される社会要素というわけでもないのにその種のことを行っている。要するに、ヘーゲルの場合、理想と現実とが奇妙に混同され、国家と社会の適切な区別がなされていないというのがマッキーヴァーのヘーゲル観である。

ボザンケについてのマッキーヴァー解釈は次のようである。マッキーヴァーのまとめに従えば、ボザンケは、国家を真実意志つまり理性的な意志とした。国家は個人の普遍的な生命に関係するものであり、国家のうちに人々は自我要求を発見できるのである。従って、国家は単なる政治機構ではなく、全体の政治的側面であり、生命を決定する諸制度のすべてを構造としてもっている。従って、国家は政治的統一体に生命と意志を与え発展とより自由な雰囲気を与えるものである。それゆえ、国家はあらゆる制度に対して有効な批判を果すことができるのだから必然的に強制的であり、唯一の正当化された強制力であるとした。また、ボザンケは真実意志と現実意志を区別することによって、真実意志と国家を同一視しそこに政治的義務の根拠を見出そうとした。

マッキーヴァーは、ボザンケが国家を一方で人間のコミュニティに作用しているあらゆる社会的勢力の統一体として使用しながら、他方で、国家の活動について語るとき、国家を政治的形態や政治的行動様式をもった政治社会の意味で使用していること、ボザンケのいう真実の国家は理想国家であり、そのような国家では市民がどのような理由に基づいて、どの程度、現実の法律に従うべきかという意味での政治的義務の問題は起りえないこと、現実の国家では個人意志と国家意志との完全な調和は起りえなかったこと、従って大多数の意志をルソーのいう一般意志とみなし、それを理性的意志や真の自由と考えることには無理があると批判したのであった。

理想主義政治哲学の国家観についてのマッキーヴァーの批判は、いずれも、これらの人々が国家と社会の区別を十分にしてこなかったことにあるとマッキーヴァーは考える。その原因は、これら三者のいずれもが、古代ギリシア時代の都市国家への愛着をもち、それをそのまま現代社会に適用したことにあるという。すなわち、古代ギリシア時代の都市は狭小で国家とコミュニティが事実上重なり区別は隠蔽されていた。しかし、この区別は本質的な区別であって、このことを無視したりあるいはそれの重要性が十分に認識されないとき、政治認識にあたって決定的な混乱が生ずる。マッキーヴァーが取り上げた三人の理論家がその例であったというのである。

理想主義政治哲学にみられる国家と社会あるいはコミュニティとの混同に対するかれの批判は、第一章でも紹介したように『コミュニティ』においても展開されているし、『近代国家論』においても、同様の観点から論じられている。従って、ここではこれ以上この問題については触れることは避けたい。

では、マッキーヴァーにとって国家とは何だったのか。『コミュニティ』における国家論をみよう。

マッキーヴァーにとって、国家はアソシエーションの一種であった。アソシエーションは分立的関心に起因する共同の関心を追求するための組織体であり、コミュニティの発展とともにこの種の共同関心が現われ、より大きなコミュニティが現われるとそれぞれの規模と内容に応じたアソシエーションが形成されると理解された。そのうち、国家は郡や区と同様、コミュニティの諸関心のうちの複合的全体に関係するアソシエーションであるとされた。

国家とコミュニティの相違はコミュニティが共同生活の場であり、社会的相互関係の網で国境や大陸を越えて人々を結びつけるのに対し、国家は排他的画定的で国家間には明確な国境があると考えられた。

ではは国家の特質はどこにあるのか。マッキーヴァーによれば、それは国家が政治的な法をもち、政治的な秩序に係わるところにあるとされる。国家の成員は法から逃れるために成員資格を放棄することは簡単にはできない。政治的な法が成立するのは、人間は「あらゆる本能と要求によって全面的に社会や仲間との関係に入るように強いられ」[29]、この関係が秩序づけられないと生活は成りたたないからである。それゆえ「社会が存在するところには義務と権利の体系があることになる」[30]。この権利と義務のうちでもっとも基本的なものが政治的法である。「人々の間に承認された権利義務の根本体系の維持と発展に中枢機関ないし政府があたるように組織された特定の人々の一団は固有に国家と呼ばれる」[31]のである。つまり、国家は社会の存在そのものの保持や保証を第一次的な目的とするのである。

では、国家の行為はどこまで許されるのか。マッキーヴァーによれば、国家以外のアソシエーションはそれぞれ、共同意志に基づいてそれぞれの理想や価値を実現するために存在している。この種の理想や価値について国家が干渉することはできない。国家ができるのは「社会生活の一般的外的諸条件を規定し、外部的に履行される社会的諸義務の重要な体系を支持する必然的な用具として機能するにすぎない」[32]のである。国家はその第一次目的のゆえに、コミュニティの守護者として影響力を発揮するが、基本的にはコミュニティ全体を整合する機関なのである。

国際問題については、近代社会に至ってみられるのはコミュニケーション手段の発達に伴い共同関心の発達が著しく、それに対応する国際的アソシエーションが次々と現われてきた。国家はその境界を越えたアソシエーションに承認や保護を与えていないので国家間協定や国際組織が作りだされたと解釈される。国家間に定まった関係が存在しない場合、戦争ということになるが、時代が新しくなるにつれ、コミュニティの交流によって戦争はますます非合理的なものとなるというのがマッキーヴァーの歴史的展望である。

『コミュニティ』より九年後に書かれたのが『近代国家論』である。この著書はまさに国家とは何かを問うたものである。

この著書においても、マッキーヴァーは重要なこととして政治的なものと社会的なものの区別の必要性を力説している。ところで、社会には領域としてのコミュニティ、一定目標達成のために設立されるアソシエーション、これら両者の行動を規制すべく認容された様式としての制度があり、国家は家族や教会と同様アソシエーションの一種であるとされる。国家が成立するのは共同意志が国家を創設したときであり、国家は本性上、領土内に住むすべての人々をコントロールできるが、その目的の限定性ゆえにコミュニティそれ自体とはなりえないと考えられる。

マッキーヴァーによれば、あらゆるアソシエーションはそれぞれ独自の法をもつが、国家の法は政治法であり、他のアソシエーションの法と異なって強制力をもつために、社会各領域の枠組となり、永続性を有すると考えられている。ただし、国家の法は人々の間の関係を制限づける広い意味の構造枠であって、その枠組がどのようなものであるかはそれぞれの時代によって異なり、人々の共同関心の程度によるという。

「領土的に画定づけられたコミュニティの範囲内で、その目的のために強制力を授与された政府によって公布された法を通じて行為することによって、社会秩序の一般的外的条件を維持するアソシエーション」[33]として定義される国家はきわめて古くから成立していたと考えられるが、近代以前の国家は不平等を基礎とした階級関係に基本があったが、近代では、民族を基本単位とし、民主主義とくに代議制民主主義が一般的になったというのがマッキーヴァーの国家観である。

同書で、かれが国家の基本的仕事として挙げているのは秩序の確立とパーソナリティの尊重である。このうち後者は国家が干渉してはならないという意味での尊重ということである。人には、教養、習慣、文化等多くの領域での活動がみられるが、これらの活動はパーソナリティが表現されたものとみなされる。これらの活動に対して国家が直接的に干渉してはならないとマッキーヴァーは考えている。

秩序の確立は、先述のものと同様、社会生活のための外的条件を調整することである。ただし、この場合、秩序は単なる秩序の達成と考えられてはならず、秩序を基礎としてはじめて成立するすべての人々のパーソナリティの発展のためであり、コミュニティの必要に役立つこと、つまり、正義や自由と調和するとき正当なものとなるものである。従って、その内容はかなり広いものとなる。つまり、弱者の保護、健康や品性の保持、都市のコントロール、経済資源の保存や開発など全コミュニティの発展と調和にとって重要な仕事を政治法によって秩序づけることこそ、国家の仕事ということになる。従って、法は秩序の枠組である。つまり、「法構造はコミュニティの精神を反映する」[34]とされるのである。

このように、本書でも、国家の母体としてのコミュニティへの役割とパーソナリティの発展への寄与という機能主義的国家論が展開されたのであった。

近代国家における経済権力と政治権力に関しては、経済活動によって引き起されるかもしれない搾取、不必要な経済競争、特定経済団体の不当な行動などを規制し、一定の社会水準を保持し、独占経済が生じないようコントロールし、将来の福祉のために支障が生じないような政治権力の役割が期待されている。経済活動は重要なことである。従って、経済権力も人間福祉のための手段であり前提条件である。ただ経済権力は先のような問題状況を招きがちであるため、共同利益のため、民衆の保護者としての国家が期待されるのである。

このような考え方の背後にはかれの権力についての特有の見方がある。民主主義社会においては、封建社会においてみられたような確固とした権力集中がなくなり、政治権力と経済権力は分離したという認識である。産業革命は労働者から労働手段の所有権を奪ったが、代わりに選挙権を与えた。政治は妥協として成立する以外になくなった今、政治権力は民衆に支持を訴えざるをえない。資本主義社会において、資本家は確かに強い影響力を行使するが、それでも経済権力の所有者が政治権力の支配者と同一であるということはない。このような状況にあって、結局のところ政治権力への唯一の道は民衆の説得にあるということになる。しかし、政治権力と経済権力の分離は社会進歩の一般過程の一部であるとさえ主張されているのである[35]。

一九五三年には『政府論』が書かれている。この著書のなかでも、同様のテーマが論じられている。同書は、一方で社会科学者として政府に関する万般の現象の客観分析が目指されながら、他方で民主主義論との関連での意味づけが試みられているところに特徴がある。同書では他の政治形態についての分析もみられるがかれが評価している民主政治との関連を主に紹介したい。

先の諸著作と同様、ここでも、コミュニティ、国家、政府の区別と相互関係が説かれる。コミュニティはわれわれが住んでいる所であり、「区画された社会の範囲である」[36]。この種のコミュニティのなかで現代のもっとも大きいものが国民社会(民族)である。「国家は、民族が何らかの意味において、それによってみずからを統治するところの制御と制度的仕組との一体系である民族の政治組織」[37]である。従って、民族コミュニティ(国民社会)内には国家以外の多数の団体と非政府的な多数の統制がみられるということである。コミュニティと国家の区別は全体主義体制下では否定されるが、多くの他の形態においては暗黙の中に容認されていると考えられている。そして、この区別が明確となるのが民主政治の場合であるという。つまり、民主政治においては、組織形態の定立がなされることにより、政府が介入できる領域と慣習で処理しうる領域とが明確になり、民衆はそのことの確認を要求できるからであるという。民主政治ではコミュニティを国家の上に卓越させる法としての基本法が存在するのである。

ところで、政府は国家の機関として位置づけられる。従って、民主政治においてはコミュニティは政府の主人であるということになる。かくして、「コミュニティは政府が共同社会に打勝とうとするいかなる試みにも反対することを認許」[38]されるのである。かれはこの内容として政府に対立する民主的自由と、政府を成立させたり、解体させたりする民主的自由としての選挙制度などを挙げている。また、民主政治が存続するためには信条や思想を異にする自由を奪うことを政府に許容してはならないこと、文化生活の実際的間接的な支配を伴うほど排他的な経済的実利的体制の独占権を委ねてはならないことを挙げている。

権力問題については、かれは社会学者らしく権力構造のタイプ化を試みている。ひとつはカーストタイプであり、二つめは寡頭制タイプであり、第三は民主タイプである。このうち、第三のものは主要境界線がすべて可動的であり、より高い段階へ昇進する通路が存するタイプであるとされる。ここでは階級的地位と権力とは符号せず、階級と職業とは分離している。

マッキーヴァーは右の三タイプを歴史的存在物とみるため、過去、現在にそれらがみられることを否定しない。しかし、「ある段階において権力を民衆に対し護り防ぐような文明がさらに一歩進むと、民衆意志の主張、権力の世論への従属、責任原理の立憲的開始のための機会を回復する新しい諸要素を導入する。この目標が達成される限りにおいてわれわれは民主政治を現実にもつものである」[39]として民主形態への賛意を表明している。かくして「民主政治は集団や利益の闘争、とりわけ地位や権力の闘争における実力の役割を軽視する」[40]と主張された。

ところで、権力が問題になる場合、政治権力と経済権力の関係があるが、マッキーヴァーはここでも「どんな集団もしくは階級であれ、その経済力は封建的諸条件下における傾向のごとく、もはやその政治力の尺度ではない」[41]という。有力な経済的利益が政治的活動範囲では比較的容易に敗北させられることなどがその理由である。かれは、「一切の政府組織はそれに相応する財産制度を維持する」[42]と述べているのだから、経済権力が政府の担当者に大きな影響を与えることを否定しない。事実、かれは民主国家においてさえ富裕者の有利性、寡頭制の鉄則がみられることとなどを指摘している。このように経済利益が政治において大きな力をもつことは確かであるが、マッキーヴァーは「経済的利益そのものを政府形態決定の最高役割まで高める」[43]のは誤りであるとする。なぜなら、制度的秩序は経済要因だけではなく、社会全体が作り出すものと考えられているからである。マルクス主義者をはじめとする経済決定論者の誤ちはここにあり、かれらが階級はそれ自身の全社会秩序の構造の内部においてのみその役割を演ずることを認識できなかったところにマッキーヴァーはその原因を求めているのである。

マッキーヴァーのこの著書での議論は事実としての政府現象の様々なタイプの提示と、それぞれのタイプの性格と特質を歴史的に社会学的に分析しながら、他方で民主政治における政府論が試みられたところにある。かれは現代世界において民主政治が達成されている国は少ないし、民主政治の成立には多くの困難が伴うことを認識しその要因を冷静に分析しているのであるが、長期的にみれば民主政治が選択されるであろうと考えていたように思われる。そして、これが達成されるためには、コミュニティ、国家、政府の区別と相互関係が十分に認識されると同時に、コミュニティ内の人々自身が民主政治を選択できるまでに成長することが必要であると考えている。

「民主政治は、人民の大多数が政治的に無気力で、無教育で、統一乃至いかなる拘束的な共同利益をも自覚しない場合には、実行されえないことを証明した」[44]と述べ、「国民の大多数が孤立とか無知とか完全な貧困などのために、共同生活の利益にあずかりえない場合」[45]唯一の可能な政府形態は寡頭制となるしかないと指摘していることから分かるように、かれが根本のところで主張しているのはコミュニティとパーソナリティの発展の必要性ということである。そして、このような主張がでてくるのは、マッキーヴァー自身が長期的にはこのことが可能であるという一種の社会哲学をもっていたからに他ならない[46]。

第四節　ラスキとマッキーヴァー

ラスキとマッキーヴァーの国家論をかれらの主要著作を追う形でみてきた。このように、愚直なまでに両者の著作の内容を追ってみたのは、われわれの関心が主にマッキーヴァーの政治・社会理論にあるところから、ラスキを比較の対象として参考にしながら、マッキーヴァー政治理論の特質をより鮮明なものとしたかったからである。

このような観点から、二人の代表的な多元的国家論者を比較したときに、まず感じることは、ラスキ国家論に明らかに国家論の変遷がみられるのに対し[47]、マッキーヴァーではほぼ一貫した国家論が展開されていることである。この相違点がどこにあり、その原因がどこにあるかを知ることは、マッキーヴァーの政治理論の意味を知ることでもあり、われわれが、ここであえて多元的国家論者のうちラスキを取り上げた理由でもある。

すでにみてきたように、国家成立に関して二人の間に相違があるわけではない。ラスキにとって、国家は政府の存在という事実と政府命令に人々が従うという事実であり、このことが必要とされるのは、人の本性つまり様々な欲望と衝動の存在とそれのコントロールの必要性、平和関係の維持など社会混乱を避け共同生活が存続するために不可欠な何かが社会生活に要請されると考えられたからであった。従って、秩序の要請こそは政治さらには国家を発生させる直接の契機と考えられたのである。この点、マッキーヴァーも同じで、秩序がなければ社会生活の存続が困難であると認識され、秩序づけつまり権利と義務のもっとも基本的なものとして政治的権利義務関係の存在が強調されているのである。このように、政治の発生、さらには政府や国家の発生や成立について基本認識が同じであるにもかかわらずどうして両者の間にかなりの相違がみられるのであろうか。それは次の点にあるように思われる。

ひとつは対抗理論としての国家一元論に関してである。両者とも、他の多元的国家論者と同様、国家一元論者批判を試みている。ここに問題意識の出発点があり、結論としても政府、国家、社会の区別の必要性を主張していること、国家に優位性、絶対性を与えることを拒否していることなどの点で同一である。しかしながら、それの理由づけについては明らかに力点の相違がみられる。ラスキが権利、正義、正当な行為などの面での問題点や、国家のもつ能力への人々の信仰など法源や人々のもつ国家信仰の作用などを指摘しているのに対し、マッキーヴァーでは国家と社会(とくに、コミュニティ)の区別をできなかったことに強調点がおかれている。ラスキがコミュニティの観念をもちながらもその内容が必ずしも明確にされなかったため実質的に法理論を含めた政治理論プロパーの領域で論じようとしていたのに対し、マッキーヴァーでは基礎社会としてのコミュニティがあくまで出発点としてあり、社会論の一部として国家が論じられている。

第二に、ラスキが右の意味でいわば政治主義的であるのに対し、マッキーヴァーが社会論的であるという特質はかれらの自由に関する議論のなかに現われることになる。

ラスキ政治理論の基本点原点は個人であった。かれは個人の自由、意志、責任などを重要な用語とした。これらはいわば近代市民主義の基本的な考え方である。市民つまり自由に判断する公衆としての個人を強調することで、ラスキは近代市民政治理論の忠実な継承者であったことになるが、その結果、国家権力対個人の自由という近代政治理論の基本テーマがかれの全的なテーマとなり政治が論じられたのである。[48]

マッキーヴァーの場合も自由の問題が大きなテーマであったことに変りはない。かれはこれを民主政治の問題として取り上げているが、自由がここでもコミュニティや人格概念と関連づけて捉えられているところに特徴がある。すなわち、かれにあっては、民主政治にとって重要なことはコミュニティに対する国家の対応である。政府がコミュニティに打ち勝とうとするどのような試みに対しても反対することが重要であるとする。マッキーヴァーにとってあらゆる自由のうちもっとも基本的な自由とはこの種の政府行動をさせないことであり、そのためには自由に結社を組織したり、政府を成立させたり解体したりする自由としての民主的自由が主張されたのである。

第三に多元的国家論の特性についてである。ラスキの場合、ここでも個人の意志ということが強く主張されている。かれは権利と義務や責任をもつ主体としての個人を全面におしだしている。そして、このこととの関連で、目的と責任をもつ国家が成立しうるとすれば、権力や権限の分散がなされる必要があるという形で多元的国家論が展開されたのである。

マッキーヴァーの場合、国家論はあくまでコミュニティとの関連で位置づけられている。つまり、国家の権限が限定されるのは、国家がアソシエーションの一種であるからであり、それは社会学的に観察された集団の性格に由来するものであるとされたのである。

第四に両者が国家を論じるにあたって何に着目していたかである。ラスキ国家論は多元的国家論を主張している間は国家を正当性の問題つまり倫理や道徳に照して正当であるか否かという観点から判断し、その意味での法理論上の正しさの観点から国家を論じていた。

ところが、『国家』に至ると政府の行為つまり国家権力を担う実態としての人々の行為が判断の対象とされている。このことはかれの国家論が法理論的なものから権力論に移行したことを意味する。かくして国家がどのような階級状況のなかで成立しているかが最も重要なテーマとして理解され、当時の資本主義の進展過程のなかで階級国家論の観点が採用されたと考えられる。つまり、国家論が理念や機能を問題とすることから権力論としての階級問題に転化してしまったのである。

これに対し、マッキーヴァーでは国家論は終始、コミュニティにとっての理念と機能上の問題枠のなかで展開されていて、権力問題はその枠組みのなかのテーマとして処理されていることである。すなわち、まず、国家の目的が何であるかが問われ、国家が形成される理念が問われた。国家権力の実態は、歴史的にみれば、確かに階級対立が支配的であった時代もあったが、近代に至っては、民主主義の伝播が強調され、民主主義的理念が基本的価値となり、今後の基本的動向であると位置づけられたのである。また、民主政治の成立はまずコミュニティとの関係で国家をいかに位置づけるかという形で理解された。すなわち、「民主政治の精神はこの基本法、すなわち共同社会を国家の上に卓越させる法の中に生きている」[49]。「民主政治においては法律によって支配する政府はそれ自体が法律によって支配される。意見が自由に政府を決定する場合には、政策は実力の機能でもなければ、また実力に甘んずる黙認の機能でもなくして積極的な同意の機能である。それによって闘争の水準が高められ、そして力に依存する目標とは異なった目標がより高い評価を与えられる」[50]。

これらの引用から分かるように、マッキーヴァーの国家論は常に国家のコミュニティにおける理念上、機能上の位置づけがまず試みられ、権力問題は重要ではあれ、その枠組のなかでの問題として位置づけられているのである。同時に現代を民主政治の時代と位置づけることで、コミュニティの進展がどのような状況にあるかの歴史哲学が展開されていたのである。世論に対する高い評価も、コミュニティ論とこの歴史哲学が背景にあったことはいうまでもない。

このような国家論のアプローチの相違がかれらの国際問題への現況の認識と将来展望の相違となっていたのはいうまでもない。

第五に国家の役割ないし目的に関してである。両者とも国家が目的と機能をもち、その目的が正当であることの必要性を主張している。しかし、ラスキが目的に関して、行政上の目的に言及するにとどまっているのに対し、マッキーヴァーでは政治秩序とともに人格の開花を挙げることによって、政治の目的のひとつが社会生活の進展のための基礎づくりにあるという方向を示している。つまり、基本的に重要なのは人間の社会生活であり、この意味では政治はあくまで社会の一部であるとともに社会生活の調和と発展のための手段であることが主張されていることである。

第五節　おわりに

ラスキとの比較からも理解できるように、マッキーヴァー国家論は、かれの社会論や民主主義論と同じく、国家がコミュニティやパーソナリティ論と直接結びつけられて論じられているところに特徴がある。このような特質をもつ国家論に対して政治理論上の問題として批判を加えることは容易である。たとえば、現代社会において、国家が真にコミュニティのための機関として機能しパーソナリティの発展に役立つ組織となっているかを問うたとき、たとえ、最高の民主主義国家といわれる国々においてさえ、反証を挙げることは容易にできる。

それに加えて、権力論上の甘さも否定できない。国家権力をもっぱら弱者保護、経済権力を規制するものとして捉えていること、世論のもつ役割に余りに期待しすぎていること、このような権力観が、当時や現在の政治という意味でも将来においても楽観すぎることは明らかである。あるいはかれの近代国家論はかれの社会哲学に基づく進歩観からする当為論の展開であったとみる方が適切かもしれない。

それにもかかわらず、かれの国家論には現代政治を考えるうえで検討するに価する論点があるようにわれわれには思われる。

第一は国家をコミュニティ内のアソシエーションのひとつと位置づけたことで、コミュニティ内における地域団体のあり方を考えることを提起していることである。基礎社会としてのコミュニティがどのようであるかが国家の形成や存続にいかに大きな影響をもつかはＥＣや東欧諸国の例をみても明らかである。かれが提起したテーマは依然としてわれわれの時代の社会のテーマでもある。

第二は同じく国家をコミュニティのなかで位置づけたことで国家を含めたすべての政治要素が社会のなかでどのような意味をもつかを検討することを要請していることである。

すなわち、社会は政治、経済、文化をはじめとした多様な領域からなっており、政治もその一部にすぎない。政治の位置や政治を論じることの価値は、それを一旦は社会全体のなかで検討し位置づけてはじめて意味あるものとなる。政治的なものとそれ以外のものとの関係、公的なものと公的でないものとの位置づけなど、かれの国家論はその当否は別にして、常に検討することを要請しているように思われる。

第三は共同体的なものの社会理論上の位置づけに関するものである。マッキーヴァーはこの種のものが人々の社会生活において重要であることを認識していたが、これをコミュニティの属性として位置づけることに限定し、国家と関連づけることを拒否した。政治の歴史において、国家の共同社会性が主張されるとき、しばしば、悪しきナショナリズムに陥ってきたことを考えるとき、マッキーヴァーを含めた多元的国家論者のこの面での主張は現代においても留意すべき事柄であり、検討課題としての意義は失われていない。

第四は政治社会全体のなかでの国家のあり方が問われていることである。国家は権力的観点からのみ分析したり理論構築したりはできない。同様に、理念の観点からのみ構築することもできないし、機能面からのみ構築することもできない。マッキーヴァーはこれら三契機の理論化を国家論のうちに展開したが、このことが現代政治のテーマでありつづけていることはわれわれ自身が常に感じていることである。

注

1 H・ラスキ(渡辺保男訳)『主権の基礎』(『世界の名著、バジョット・ラスキ・マッキーヴァー』中央公論社、一九七〇年)、三九七頁。
2 同書、三九九頁。
3 同書、三九七頁。
4 同書、三九八頁。
5 同書、三九九頁。
6 同書、四〇三頁。
7 同書、四〇六頁。
8 H・ラスキ(日高明三、横越英一共訳)『政治学大綱 上巻』法政大学出版会、一九六九年、五八〜六四頁。
9 同書、四二頁。
10 同書、四七頁。
11 同書、七九頁。
12 同書、一一〇頁。
13 同書、一九四頁。
14 同書、一五九頁。
15・16 同書、一三三頁。
17 同書、一〜三五頁。
18 H・ラスキ(石上良平訳)『国家』、岩波書店、一九六九年、五頁。
19 同書、六頁。

20　同書、七頁。
21　同書、三三頁。
22　同書、七四頁。
23　同書、八六頁。
24　同書、一〇四頁。
25　同書、一〇八～一〇九頁。
26　同書、一七八頁。
27　R・マッキーヴァー（中久郎・松本通晴監訳）「新ヘーゲル学派の『社会』の同一視批判」（『コミュニティ』、付論B、ミネルヴァ書房、一九七五年）。
28　同書、四五六頁。
29・30　前掲『コミュニティ』、五四頁。
31　同書、五五頁。
32　同書、五七頁。
33　R. M. MacIver, The Modern State, Oxford University Press, 1964, p. 22.
34　ibid., p. 268.
35　同書については、特に序章、第五章「国家の仕事」、第八章「法と秩序」、第九章「政府と経済秩序」を中心に整理した。
36　R・マッキーヴァー（秋永肇訳）『政府論』、勁草書房、一九六〇年、二二六頁。
37　同書、二二五～二二六頁。
38　同書、二三六頁。
39　同書、一二七～一二八頁。
40　同書、二四〇頁。

41　同書、一〇八頁。

42　同書、一四九頁。

43　同書、一五五頁。

44　同書、二二二頁。

45　同書、二二四頁。

46　なお、R. M. MacIver and C. H. Page, Society, Macmillan and Company Limited, 1967 において、マッキーヴァーは「コミュニティとはなんらかの程度の社会的凝集力によって示されるある領域をもった社会生活」((ibid., p. 9.)と定義し「国家は社会の特殊な組織」であり(ibid., p. 454)、国家とコミュニティを混同してはならないとしている。そして「国家は最終的な強制権力を独占的に授与されるという点で他のすべての結社と区別される」(ibid., p. 456)と述べている。

47　なお、ラスキの国家論については横越英一「ラスキにおける多元的国家論から階級国家論への発展」(『ハロルド・ラスキ研究』勁草書房、一九六八年)において、その変遷が論じられている。ここでは、ラスキの多元的国家論の特徴を国家と社会の区別と、国家が基本的には他の団体と異ならないこと、国家の一元的主権の否認と複数主権の主張、諸団体の設立・存続の理由は構成員の同意にあるとしたことに求め、多元的国家論を生みだしたのをかれの実証主義・実験主義に求めている。

48　ラスキの自由論や自由と国家の問題については富田容甫「ラスキの自由理論」(前掲『ハロルド・ラスキ研究』)を参照のこと。

49　前掲『政府論』、二四〇頁。

50　同書、二四一頁。

郵　便　は　が　き

料金受取人払

本郷局承認

354

差出有効期間
平成17年 6月
14日まで

113-8790

240

（受取人）

東京都文京区向丘1-20-6

株式会社 東信堂 読者カード係行

お名前《ふりがな》　（　　歳）男・女

（〒　　　）　（TEL　　－　　－　　）

ご住所　市 区 郡

ご職業　1. 学生（高 大 院）2. 教員（小 中 高 大）
3. 会社員（現業 事務 管理職）4. 公務員（現業 事務 管理職）
5. 団体（職員 役員）6. 自由業（　　　）7. 研究者（　　　）
8. 商工・サービス業（自営 従事）9. 農・林・漁業（自営 従事）
10. 主 婦　11. 図書館（小 中 高 大 公立大 私立）

お勤め先
・学校名

ご買上
書店名　市 郡　区 町　書店 生協

東信堂愛読者カード

ご愛読ありがとうございます。本書のご感想や小社に関するご意見をお寄せください。今後の出版企画や読者の皆様との通信に役立たせますので、お名前、ご住所をご記入のうえ、ご返送ください。

ご購入図書名

■ご購入の動機

1. 店頭
2. 新聞広告（　　　　　　　　　　　　）
3. 雑誌広告（　　　　　　　　　　　　）
4. 学会誌広告（　　　　　　　　　　　）
5. ダイレクトメール
6. 新刊チラシ
7. 人にすすめられて
8. 書評（　　　　　　　　　　　　　　）

■本書のご感想・小社へのご意見・ご希望をお知らせください。

■最近お読みになった本

■どんな分野の本に関心がありますか。

哲学　経済　歴史　政治　思想　社会学　法律　心理　芸術・美術　文化　文学
教育　労働　自然科学（　　　　　　　　）　伝記　ルポ　日記

第四章　政治理論

第一節　はじめに

前章で、R・M・マッキーヴァー国家論が深く社会論との係わりのなかで論じられているのをみてきた[1]。基礎社会としてのコミュニティと国家の関係をはじめとして、国家に関する事柄が、社会連関のなかで論じられていたのである。国家論は、このテーマが、近代政治を論じるにあたって主題のひとつであったし、対抗理論との関係からも、自己の理論の立証のためにも、社会との関係が強調されたのは当然のことであった。ところで、マッキーヴァー政治理論は、いうまでもなく、国家論や民主主義論[2]に限られるわけではない。これから試みようとするのは、主にこれら以外の政治に関するかれの議論がどのようなものであったかということである。これの確認があってはじめて、かれの政治理論の骨格が明らかになるわけである。ここでもまた、かれの主要著作を検討することによってかれの理論の特質にせまってみたい。

第二節　『コミュニティ』と政治

マッキーヴァーの主要著作にみられる特徴は、主題との関連で、関係ある要素や現象を複雑なままに全体的に位置づけようとしている点にある。従って、それぞれのテーマに関して取り上げる範域は大変に広範なものとなる。このような論述の仕方は初期の大著『コミュニティ』においてすでに展開されていた。ここでは、社会的事実や社会法則とは何かが問われることからはじまって、コミュニティとは何か、コミュニティの要素・構造、コミュニティとアソシエーションや制度との関係、コミュニティ発達の法則の性格、法則との関連で各種の社会現象がどのような位置と意味をもつかが論じられた。

これらのうち、コミュニティに関する論議、コミュニティとアソシエーション、また、アソシエーションの一種としての国家との関係についてはすでに紹介し論じた[3]。制度を含めたそれらの概念の相互の関係の簡単な整理は次節で行ないたい。そこで、ここでは『コミュニティ』において政治がどのような文脈でどのように論じられているかをみておきたい。

すでに述べたように、マッキーヴァー社会理論においてもっとも基底にあるのは基礎社会ないしは基盤社会としてのコミュニティであった。コミュニティは基本的にそこに住むすべての人々を構成員とする地域社会であり、共同生活の場であり、重層的に存在しうるものとして理解された。コミュニティの大小、発展の程度は、コミュニティに住む人々のパーソナリティつまり個性と社会性の程度に依存していることが主張された。

本書における政治に関する論議はこの主張の延長線上にある。つまり、コミュニティの基本的な性格が語られ、それとの関連で、政治現象の位置づけと意味が検討されることになる。この場合の基本的な性格として挙げられたのがコミュニティ発達の主要法則として主張されたものであった。

マッキーヴァーによれば、コミュニティにみられる重要な意義は、コミュニティが発達するということである。ここに、発達とは「新しい状況に対応する能力、判断力や総合力、理想をいだき表現する能力、不変的な生活目標の観念によって情念を抑制する能力」[4]等の基準を満たすことであるが、これらのことはコミュニティにも適用されるものであると主張される。かくして、かれはコミュニティの発達基準を次のように整理する。

(1) パーソナリティおよびパーソナリティの基盤としての生活と健康を配慮するか、それとも無視するか。

(2) 政治的、宗教的、および将来の専制的支配は不在か、それとも存在するか。専横な征服を受容し歓迎する奴隷根性は不在か、それとも存在するか。

(3) コミュニティ内の成員は多様であるか、それとも一様であるか、それに相応したコミュニティ慣習の占める比重は軽いかそれとも重いか。

(1) 成員各自とかれの属するコミュニティ全体との間で自律的に決められる関係は単純か、それとも複雑であるか。緩やかか、それとも厳格であるか。

(2) コミュニティ内のアソシエーションは多数か、それとも少数か。

(3) 各個人が成員として所属するコミュニティは広いか、それとも狭いか。社会生活が包み込まれている境界は広いか、それとも狭いか[5]。

マッキーヴァーによれば、これらの基準に照したとき、反動、退化、頽廃現象はみられたにもかかわらず、十分に長い期間をとってみれば、人類の本質的進歩は確実なものであった。コミュニティは「想像を絶する程の長期間を通じて、完全に無条件の不滅性をもち、同時に完全に統合的であり得る唯一のコミュニティ」[6]としての全人類のコミュニティへの過程を経験するのであり、それぞれの時代の社会はその種の究極コミュニティ成立の途中にあると認識される。

このコンテクストのなかで、コミュニティ発達の基本法則として三法則が提起されるが、重要なのは第一の法則、つまり「社会性と個性は同一歩調で発達するものである」[7]として記述されたものである。

これが、すでに第一章で述べたパーソナリティ論であり、パーソナリティの発達は同時にコミュニティの発達として捉えられるマッキーヴァー社会哲学であることはいうまでもない。かくして、個性と社会性の成長は、パーソナリティの統一の成長を意味し、調和的発展のうちにコミュニティの発達をみる社会理論が成立したのである。

ところで、個性化という場合は、人間がより自律的な存在になることであり、社会化という場合は、社会的諸関係がより複雑かつ広範囲になることであった。従って、社会が発達するということは、パーソナリティがますます自律性を発揮し、コミュニティが複雑になり分化することを意味する。かれの政治理論はこの社会の発達過程と関連する。

社会の初期段階では、コミュニティは十分な形をなしていず、家族、教会、国家などの区別もなく、明確な形のアソシエーションは存在しなかった。やがて時代が過ぎ、パーソナリティが慣習の同質性を打破し、成員の完全な合意に基づく共同生活が成立しえなくなると、法が成立したり、家族と国家の分離がはじまる。国家は、職業団体などの他のアソシエーションと同様、コミュニティの機能を果たすべくコミュニティ内部の分化の過程として出現するのである[8]。

政治の問題はコミュニティの発達、つまり、コミュニティ内の分化のさいに発生する整合との関連で理解される。たとえばアソシエーションである。アソシエーションには多種多様なものがあるが、歴史的には、特定の大きなアソシエーションが他のアソシエーションに優越的な位置を占めようとするケースがしばしばみられた。このようなことが起きると社会生活の多面性が失なわれコミュニティの発達が阻害される。その種のケースは時代が古いほど多かった。なぜなら、時代が古いほど、大きいアソシエーションは多くの利害を内包し純粋な単一目的にとどまりえないからである。

近代の状況は、それぞれのアソシエーションが自己の特殊関心の明確な設定をはかるところにある。国家の場合、その機能は他のすべてのアソシエーションを保護し、各アソシエーションがその本質的なサービスを果たすように擁護し、全アソシエーションを整合することにあると理解される。

国家と地方自治体の問題は、地域の整合の問題として理解される。この問題が発生する本質的な原因は、コミュニティ領域の拡大と従来から存続しているコミュニティの重層的な並存にある。より大きな新しいコミュニティの成立は従来から存続するコミュニティの要求するものとしばしば対立しがちである。マッキーヴァーによれば、このようなことが生ずるのはそれぞれのコミュニティが果たすべき役割を認識できないからであるし、それが認識されれば問題は解決されるというのである。つまり、最大のコミュニティは公正、正義、思想の自由など普遍的な性格の濃いものの需要を満たすべくそのためのアソシエーションや制度を形成させ、よりせまいコミュニティでは、それぞれの地方の生活圏に限定されたアソシエーションをつくりサービスを行なえばよいというのである。後者の場合、前者において確認された原則は尊重されなければならない。かくして、国家と地方自治体の関係は全国レベルのものと地方レベルのものとの融和が当為論として説かれることになる。かれが好ましいとする中央と地方の関係は普遍的な秩序と安全のために中央集権が成立し、生活充足のために地方分権が成立している連邦体制であった。

階級の発生因として挙げられているのは、出生、財産、能力、機会、権力面での何らかの不平等である。従って、より大きなコミュニティが成立することによる、従来、独立したコミュニティであったものが下位の被搾取カーストへ転落する場合も階級の発生の原因ということになる。そして、そこに排他的感情が存在するとき階級闘争の原因になるという。このことはコミュニティにとって好ましいことではないが、問題状況は、長期的にみれば、一時的現象にすぎず、民主主義の下では拡大したアソシエーションによって克服されると主張されたのである[9]。

マッキーヴァーのコミュニティ論はすでにこの著書で世界最大のコミュニティを視野におさめたものであった。コミュニケーション手段の発達は、人々の共同関心を発達させ、商工業、科学研究、美術、宗教、音楽などの無数の国際的アソシエーションの成立のうちに人類のパーソナリティの発達とコミュニティの発達をさせたとみている、国際連盟の成立は、国際社会の成立として評価されたのであった[10]。その意味で、『コミュニティ』は、現代を、未だ達成されていないとはいえ、世界大のコミュニティへの第一歩の時代に入りつつあるとうけとめていたといえるであろう。

第三節　『近代国家論』

『近代国家論』は『コミュニティ』で提起された考え方を、国家に焦点をあて、さらに詳しく、政治理論として論述したものである。同書は最初の部分で、『コミュニティ』で展開された諸概念を提示し、それら概念の相互関係について整理を行なっている。

概念の内容はくり返さない。相互の関係は、すべての社会生活を内包するものとしての社会があり、社会のなかの領域を示すのがコミュニティであり、社会内で一定の目的達成のために設立された組織がアソシエーションである。コミュニティやアソシエーションがその行動を規制できるように認承された様式、つまり秩序の形式が社会制度である。国家はアソシエーションの一種であり、従って、国家は限定された目的を有することになるが、その性質上、領土内に住むすべての人々をそのコントロールの下におくところに特徴がある[11]。

ところで、マッキーヴァーは国家が国家であることの基本要件としての政治法と政府の成立を挙げている。つまり、社会問題が法律に基づいて処理されること、また、それを執行できる政府があるということである。このようにして、国家が成立しているとき、三種の意志が成立しているとかれは考える。

まず、一般意志である。これはルソー的意味の立法者という意味ではなく、国家のための意志、つまり国家を維持するための意志である。この意志は国家に対する何らかの忠誠心や愛国の感情のうちに示されるものとされる。一般意志が成立するということは、たとえ、特定の法律や政策に賛成できない場合であっても、多数者による決定や憲法に則って成立した政府による決定を受容する用意があるということである。なぜなら、それなしには国家は存続しえないからである。

第二は、かれが究極主権と呼ぶものであり、国家の政策や方向を最終的に決定する意志である。かれはこれを国家の意志であると考える。この意志は、通常、市民や国民の多数者の意志のうちに表現されるという。従って、市民権がどの範囲の人々に与えられているかはその国の政治をみる重要な事柄となる。

第三は立法主権である。これは政府の意志であり、会社でいえば取締役の決定にあたるものである[12]。

『近代国家論』は、古代ギリシア時代から現代にかけて、一般意志や究極主権の担い手がどのようにして生まれ、拡大してきたかをたどり、近代国家においてはどのようになっているかを論じたものである。

これを近代国家に限っていえば、人々が共同生活への参加を通じて、一種の共通の文化複合体をつくり、そこに祖国感覚や国民感覚が成立することによって、国民国家の基礎が築かれたということになる。この種の感覚や意識の形成は、それ以前のどのような国家よりも強力なものであるという。なぜなら、この種の感覚は、望ましい国家形成を妨げてきたものを克服し、あらゆる階級に共有される性格のものであると考えられていたからである[13]。

市民の権利の獲得の推移についていえば、市民権はかつては少数者のみが享受できたが、現在の民主国家にみられるように、年齢制限等一部の例外はあるとはいえ、普通選挙制度が成りたつような状態にまで発展し、市民権の拡大の歴史として認識された。

ところで、同書でも、現代はすでに、世界社会が考えられなければならない時代として捉えられている。この点からいえば、新たなコミュニティである世界社会の形成にあたって、ナショナリティは問題を内包している。今日の民主主義国家は普通選挙制度、議会制度などを通して、国内における民主主義と統合性を成立させたが、国際社会では戦争や寡頭制支配がみられる。マッキーヴァーは「国民国家はナショナリティを超えた条件にナショナリティを関係づけなければならない段階にすでに到達した」[14]として、現代に問題を投げかけている。

『近代国家論』の理論枠組と主要な主張点はこのようであるが、この理論が展開される過程で、政治理論上、重要な論点が提示されているのでいくつかの指摘をしておきたい。

第一は、国家論が社会変動の文脈のなかで論じられていることである。これは、かれの理論がコミュニティ論から出発していることからくる当然の帰結である。技術の発達などの社会の基礎条件の変動、経済構造の変動を含めて、コミュニティに発生する様々な要因が、国民感覚の形成、市民権の拡大をはじめとした政治の変化と民主主義の発展に影響を与えた過程が不可欠の要因として意識的に論じられている[15]。

第二は、『コミュニティ』におけると同様に、パーソナリティ概念に大きな位置が与えられていることである。『近代国家論』の論の出し方は、ある面からいえば、パーソナリティの発展にすべての政治現象の基準がおかれ、それとの関連づけが試みられたといえないこともない。パーソナリティ論は、究極的には、世界大のコミュニティとそれに対応するパーソナリティの開花への展望の理論でもある。「コミュニティのより深い絆というものは階級や民族といった性格のものではなく、小さなサークルから全世界をひとつのコミュニティに調和させることができるような自由にして人間性豊かなパーソナリティという性格をもつものなのである」[16]。

第三は、かれの現代政治観に二分法的思考がみられることと、そのひとつである民主政治への信念がみられることである。かれの国家形態論の基準となったのもまたコミュニティであった。かれは、一般意志がコミュニティと同範囲のものではなかったり、一般意志が単に忍従や屈従している場合の国家を王朝国家と呼び、階級国家や帝国などをその種の国家であるとする。他方、一般意志が全体としてのコミュニティを含むか、あるいは大部分を含むような国家、あるいは一般意志が政治の形態を自覚的に、直接的に、積極的に支持しているような国家、また、「立法主権が形式的にも一般意志の行使によって決定される」[17]場合の国家を民主主義国家と呼び、民主主義国家は近代の形態であると述べている。つまり、民主主義国家であるためには少数者すらも多数者のために行動できるような連帯がみられることが必要であるが、これが可能であるためには、一般意志が部分的であっては成立せず、このことが可能となったのは近代に至ってからであるというのである。

第四は民主主義制度・機構論である。国家形態に関しては単一国家、連邦国家のいずれの形態も民主主義国家の形態でありうるとしているが、立法や執行のコントロールという点で、中央政府が統一性を保持し、その統一性がかれのいう一般意志に依拠するものとなっているか否かが重要であるとしている。

民主政治の形態については、基本的政治法制度としては間接民主主義(代議制民主主義)であるが、直接民主主義が完全に否定された訳ではなく、憲法制定・改正など究極主権者である国民の意思による決定が必要とされる場合など通常の法律課題を超えたテーマなどに限定して直接民主主義が採用されてもよいとしている。

なお、かれは権力分立の原則はどのような制度よりも重要であるという。なぜなら、国家がその機能を果すためには人々が責任をもって行動することが重要であり、これが可能であるためには権力を集中させてはならないからである。

政党に関しては、政党は究極主権が政府を明確にコントロールできる唯一の手段と考えられている。政党ルールが確立してはじめて権力の交替が可能となる。政党システムは階級国家が国民国家へ変化をうける場合のメカニズムともみなされている。

政党制に関しては、現代は二大政党制あるいは多党側のどちらかが適切であるかが問われる時代だとし、ヨーロッパにおける多党制への傾向に注目しているが、どのシステムであれ長短を決定するのは基礎社会の知性と文化次第であるとしている。

この他、中央政府と地方自治の関係や連邦制についての言及もあるが、『コミュニティ』論の論旨とほぼ同様なのでここでは省略する[18]。

第五は、現代の国家が機能連関で捉えられていることである。マッキーヴァーにとって、国家の仕事は秩序を確立し、パーソナリティを尊重することである。この場合の秩序はコミュニティに役立つ秩序という意味である。従って、秩序はコミュニティの理想である正義および自由と両立するものでなければならないとされる。

このような秩序概念の理解は、このことが同時に、国家のもうひとつの役割であるサービスということと結びつく。かれはコミュニティの保護、保全、発展という言葉で国家の機能を語っているが、その内容としては弱者の保護、自然の保全、産業開発をふくむ膨大な種類の機能が挙げられている。このことは民主主義国家において、いかにサービスが重要であるかを示すものであり、国家権力の行使が機能に関連づけられなければならないとの主張に結びつくものである。

国家の機能との関連でもうひとつ指摘しておかなければならないのは、国家の役割のあり方についてである。国家はアソシエーションの一種なのだから、国家には本来的に役割に限定が加わっているとみなしてよい。また、他の箇所で、国家の活動を一般性に求め、他の団体に対する国家のコントロールは、市民が国家に権力を与える用意がある限りにおいてのみなされるべきであると述べている[19]。

国家の仕事としてかれが挙げているものは広範にわたっており、共同生活のための機能に求めるということと私的生活との間の境界は必ずしも明らかではないが、一般論のレベルとはいえ、かれのうちに社会領域と政治領域の範囲のあり方が問題意識としてあったことは確かである[20]。

第六は権力に関してである。権力論もまた民主主義論やパーソナリティ論と結びついている。かれは政治における力の効用を評価する考え方に対して批判的である。かれは権力は共同利益のために役立たないならば、やがて崩壊すると考える。かれは強力な国家が権力をもってきたことを否定しない。しかし、それは本質的なものとはいえないと考えたのである。

このような考え方の根底あるのは民主主義国家を念頭においていたからである。かれは、「コミュニティが力を付与するのは政府それ自体ではなく、法の守り手としての政府に対してである」[21]と述べ、法をつくること、つまり、そのことによって役割を果たすことにあると考えていた。このことが先に述べた権力を機能に関連づけて捉える考え方に通じるものであることはいうまでもない。

第四節 『政府論』

『政府論』は政治社会にみられる政府現象を分析した著書である。同書でも、政府に関するほぼあらゆる側面が論じられている。

マッキーヴァーが政府というとき、「権威のもとにおける人々の組織」[22]の意味であり、社会に対して秩序の体系を維持する中央集権的組織を意味する。政府の発生は国家より古く、「社会的規制が中央的な社会機関によって引継がれるとき又は統轄されはじめるときに現われる」[23]。しかし、社会が一定の複雑な段階に到達すると国家が成立し、政府はその機関となる。かくして、国家は「政府がその行政機関であるところの組織を意味する」[24]とされる。従って、国家と政府の関係は前二書と同様である。

政府を成立させているのは権威である。権威とは「どんな社会秩序の中でも、政策を決定し、係争問題について判決を宣し、かつ紛争を調停する、あるいはもっと広く言えば他の人々の指導者乃至案内者として行動する確立された権利」[25]のことである。権威は組織が存在する限り、あらゆる組織にみられる。

権威の特徴は指導者の権利であるところにある。権威がなければ秩序は成立しない。従って、権威者とは「決定を行いかつ社会組織の何らかの体制もしくは領域内において広く行亘っている秩序を維持する権利を与えられた個人乃至集合体」[26]ということになる。マッキーヴァーによれば、政府とは国家における「定立された権威」[27]である。政府が成立するとき、コミュニティは自己を混乱から防衛でき、新たな事態に対応することができるとみなされる。

権威を支え、存続させるものが神話である。神話とは「人がそれによってまたはそのために生きるところの人々が抱く、価値を含んだ信条および観念」[28]と定義されるものであり、あらゆる社会関係は神話によって支えられていると考えられている。神話には、従って、宗教神話から社会神話まで各種多様な神話があることになるが神話構造の中核にあるのが権威の神話であるという。

国家の権威の神話が明確になり西欧世界全体に拡大したのは主権神話が発生したからであった。主権は、唯一、不可分、不可譲、最高、最終、絶対、不可謬であるなどというような神聖化は封建制度を克服するために主張されたが、大抵の場合、そのことが主権を全能ならしめた。この種の主権は君主政と結びついた。やがて君主政が崩壊した後でも、主権の神話は国家主権という形で存続し、近代においてすら、独裁政治の下においてはこの神話が大きな役割を果たしているとする。

この点、近代産業文明が伸張するところでは事情が異なる。このような社会では多集団社会となり、文化の同質性は失われる。ひとつのものが価値尺度であることはできないから、神話も多種のものが共存する。「多集団社会は多神話社会なのである」[29]。これに適応できる政府形態は、諸々の相拮抗する神話を調和させる何らかの神話形態に基礎をおくことが必要であるが、この条件に合致するのは民主主義神話だけであるという。

マッキーヴァーは政府の形態について論じているが、この問題もコミュニティと権威体制の変化というコンテクストのなかで理解されている。歴史的にみたとき、数多くの多様な政府が出現した。しかし、近代に至って、社会変化、つまり、「現代の技術の大々的な発達、工業化、専門化、ならびに都市化の規模、経済的危機の強さ、市場ならびに原料のための競争、大産業、金融合同の組織、労働組合組織、国際カルテルの組織などが政府の任務と責任とを根本的に変革してしまった」[30]結果、政府が社会的管理体制の中心とならざるをえなくなった。この結果、近代的政府形態が生み出されることになる。そのひとつが民主政治であり、他のひとつが独裁政治である。

両者の根本的相違は独裁政治が「国家を共同社会から分離し、そしてそれが両者は一体であると宣言」[31]してコミュニティを無視するところにあるのに対し、民主政治はコミュニティと国家の区別をし、コミュニティが「政府の権力に対して明確な限界を設定する」[32]ところにある。そして、民主政治にとって重要なことは、「全国民が誰が統治するかを決定するかを決定する」[33]ということにあり、具体的には、問題を世論に問い、かつそれぞれの場合において投票の裁決を承認することであるとしている。要するに表現の自由が尊重され、組織の自由が保証され、政府の政策に関して自由に意見を表明する世論を基礎とした民主政治こそが先の原理に対応できる政治であり、その場合に、コミュニティは「政府の主人」[34]となるというのである。

技術の進歩、人口の増加その他の社会的基調条件の変動は、経済変動、社会生活、文化生活の複雑化をもたらし、多集団社会における政治を要請する。そのことは国の内外にわたる新たな対応を要請する。国内においては、それは政府の機能の変化となって現われる。かれはこのことを文化機能、一般福祉機能、経済機能に焦点をあてて論じているが、そこに共通して主張されているのは、政府の機能の増大が必然的なものであること、基本的に多様性を念頭においた政策が要請されること、共同社会の調和と統一に合致するようなサービスがなされることなどである。

国際政治に関しては、現代を相互依存の高まった時代として捉え、国内的機能が国際関係と関連する時代と認識している。このような状況があるにもかかわらず、国際社会は国内の範囲を越える必要性の問題に対応するのに遅々としている。これは国際問題を処理するための適切な恒久的な十分権威的な組織をつくってこなかったという評価として示される。この原因として国家主権の神話と国家的利益の排他的神話が挙げられている。これらの神話は権威ある国際的な政治組織の成立を妨げ、公然と他国を犠牲にして自国を利する政策を行なわせた。しかし、マッキーヴァーによれば、これは、全体を犠牲にして特殊利益を利する行為にすぎず、長続きのしない政策である。なぜなら、特殊利益集団の利益も結局は全体としての共同福祉および国際的繁栄の水準と結びついており、当該特殊利益集団の利益さえ損うことも稀ではなかったからだとされる。

マッキーヴァーはかれの時代の国際社会を民族国家に分割されている段階として捉え、民族国家を前提にした権威的管轄区域が存在し、それぞれの管轄内で社会問題が解決されるという憶測が成立している時代だとし、このような状態が続くと戦争を導く可能性を指摘している。なぜなら、かりに戦争を望まなくても、盲目的に動きはじめた渦中に投ぜられたとき、各国は続々とその渦中に引きこまれ、それを阻止する洞察力と制御力を欠如した例を過去の歴史は数多く証明してきたからである。

マッキーヴァーの考えでは国際秩序の確立こそが戦争を禁止もしくは放棄させ非制度化する道である。原始爆弾などの出現は何らかの世界秩序の形成を不可避のものとした。過去、国際連盟をはじめとしていくつかの国際組織が設立されたが、いずれも紛争を解決する包括的な権威をもたず、真正な世界秩序の形成にまで至っていない。従って、権威ある国際組織の確立こそがこれを達成するための唯一の道だとして、若干の提案がなされたのである[35]。

最後に権力の問題について触れておきたい。マッキーヴァーにとって権力とは「何らかの関係において他人の奉仕または服従を意のままにできる能力」[36]を意味する。権力はあらゆる社会関係、社会組織にみられるものであり、政府の権力もその一種として位置づけられる。政府がいかなる権力を振い、いかなる目的に権力を振り向けるかは、権力を保持する諸々の利益集団がもつ権力がどの程度調整しあうかに依存する。しかしながら、政治権力には他の権力にはない使命がある。「政治権力のみが全共同社会の機関である」[37]。

権力の本質はそれが社会的なものであることであり、権力者自身に内在的なものではない。他の者が服従しなければ命令は有効ではない。この意味で、権力は「一社会において発展した権利と義務に依存する」[38]。統治者が自己の都合のよいように権力手段を用い、民衆がかれらの意のままになる場合がしばしばみられた。しかし、「ある段階において権力を民衆に対して護り防ぐような文明がさらに進むと、民衆意志の主張、権力の世論への従属、責任原理の立憲的開始のための機会を回復する新しい諸要素」[39]を導入する。この目標が達成される限りで民主政治が可能であり、現代がこれを可能にするための社会的条件である、経済利益の多様性、かつては従属的であった集団や階級の興隆、各集団の分化と増大を示していることから、今日の理論上の問題は、これをいかにひとつの法と秩序の体系の抱合的統一に調和させるかということであるとし、その解決を「政府を共同利益の機関たらしめ、そして就中文化的な相違を放任し、かつ結局この共同利益を絶えず働いている世論の互譲、闘争と妥協、消長に委ねることである」[40]とするのである。

このような立場からする理論が、一元論的な政治に対して批判的であるのは当然である。かれは民主政治に対立するものとして独裁政治を挙げ、ソヴィエト政治をその一種として位置づけている。それだけではない。かれの批判は、共産主義の原点であったマルクス理論の批判という形で同書の各所に展開されている。その主張点は、マルクス等の理論がある種の真理をついているにもかかわらず、ひとつの真理の誇張を行なっているということであった[41]。

第五節 『権力の変容』

『権力の変容』はかれの晩年の政治論であり、権力というテーマを通して政治と社会を論じたものである。この著書も前三書と同様、権力に関するテーマが万般にわたって論じられ、歴史的な連関のなかで権力の位置づけと望ましい権力のあり方が論じられている。

マッキーヴァーは、人間社会における権力の役割を評価するためには、社会権力の性格を研究し、権力形態の所在、分布、性格、構造を変化させてきた歩みをたどる必要があるという。かれは社会権力を成立させる要因として、知識、パーソナリティ、所有、経営、組織について語っているが、このうち、とくに組織についての指摘は注目に価する。つまり、人々が組織をつくるのは、共同利益の有効な保護のためであり、人類はこのような目的から、国家をつくってきたが、それを超えた共同利益をなす組織をつくろうとするとそれを拒否する力が発生する。これが主権国家の主張からくる国際組織を破壊しようとする行為だというのである[42]。

かれは次に社会権力の歴史的過程を考察している。それによれば、四つの段階の変容を経験したという。

第一は暴力にそれまでになかった重要な歴史的役割が付与されたことである。権力の発生源はもともと暴力であったという。歴史は征服者が他の地方の文化を侵略したり、王朝や帝国を樹立したりする過去であったが、この過程において、多くの小部族の孤立性が打破され、共通の言語、文化が広い地域にわたって成立し、一時的であるにせよ平和をもたらし、人間の創造的衝動が征服よりもはるかに永続性ある業績のうちにある程度表現されてきたという。

第二の段階は民主的原理の出現である。民主政治は、「上流階級の政治的特権とかれらによる強制を廃止するのみならず、指導者を平和に決定する方法を用意し、統治体制の中の責任の所在を明らかにする」[43]。アテネにおいて最初の民主政治の実験が行なわれ、ローマ時代の試みを経て、現代民主政治に至る過程は緩慢ではあったが、現在、少なくとも欧米においては民主政治は正当に評価されるようになり、他の国にも普及しつつあるとみなされた。

第三は奴隷制からの人類の解放である。奴隷制は、今日、制度として消滅しているし、農奴制も廃止されるか減少しつつあり、必然的に滅びる運命にあると考えられている。

第四は植民地帝国の分解である。かつては、ある帝国が滅亡しても別の新しい帝国がそれにとって代るだけであったが、現代ではまったく異なった形で帝国は消滅しつつあるとしている[44]。

次の章で、かれは社会権力の形態の推移について語っている。社会構造における多くの変動や資源利用方法の大幅な改善、テクノロジーの進歩が、人々の意識や考え方に変化をもたらす。かつてのヨーロッパの封建社会には階層制が存在し、人々は段階づけられ、各階層間には超えられない壁があった。ここでは機能は身分に由来し、身分は血統に由来していた。しかし、現在の民主社会では、すべての人々があらかじめ定められたところに位置するという意味での階層的なピラミッドは存在しないこと。権力は大きい組織に集中する傾向があるとはいえ、組織は多数であり、それぞれがほぼ独立し、組織間に競争があること、権力自身が機能的になってきているとして民主政治の評価が行なわれている[45]。

マッキーヴァーは現代政治における民主政治と対比されるもうひとつの政治形態としてソヴィエト体制についても言及している。それによれば、マルクス的共産主義はあらゆる身分を全面的に廃止することを主張し、それは階級なき社会としての共産主義社会の実現によって廃止されるとし、事実、革命によって旧来の階級的な身分、財産による特権は廃止された。つまり、機能が身分にとって代ったということであるが、かれの考えでは、機能そのものは常に権力の源泉であっておのずから階級制度をつくりだすものであり、そのうえ、この体制は共産党を特定の信条に基づく各項目の解釈者、守護者、実行者と考えるので、やがて神政政治的なものとなり、その結果、機能に優越する身分をつくりだすことになるとして否定的な評価を下している[46]。

ただし、同書を書いた当時の評価では、テクノロジーの発達がこの体制においてすらも影響を及ぼし、イデオロギーが退化し、機能に基づいた、時代とともに変化する階級構造が現われるに至り、ソヴィエトの国家資本主義と欧米の社会資本主義との性格や利害は明確には区別されにくくなってきているとの認識を示している[47]。

第六節　おわりに

本章の研究はいわゆる政治思想研究ではない。政治思想研究であれば、政治思想史上の位置づけが必要であろうし、各種の概念の細かな比較検討が必要であろうし、他の同系統の理論との比較も問題にしなければならないであろう。そのような研究であれば、多元的国家論者マッキーヴァーをまず問題にせざるをえないであろう。しかし、われわれは若干異なった角度からのアプローチをしたいと考える。それは政治についての理論構造の研究である。

以前にも述べたことであるが、それは、理論家が、政治の何を問題にし、それぞれの部分をどのように評価し、それぞれの部分間の関係がどのように捉えられているかを問題にする。このような問題意識から、われわれはマッキーヴァーの主要著作をできるだけフォローしようと努めてきたのである。右のような側面からかれの政治理論をみるとき、おおむね次のような事が指摘できる。

第一に、かれの政治理論が、かれの社会理論の基軸であるコミュニティ論とパーソナリティ論とに関係づけられていることである。国家論はもちろん、民主主義、権力、政策そして国際関係に関する論までもこの両概念に示されるものに関係づけられている。このことは、同時に、政治に関する議論が社会を念頭において、それとの関連のなかで論じられる必要のあることの主張でもある。このような立場があってはじめて、かれの理論が初期から晩年まで安定した理論として提示することができたのであった。

第二に、かれの理論がコミュニティ論に関連づけられるところから、基礎社会という意味でのコミュニティ、とくに問題となる最大のコミュニティがどのような段階にあるかの認識が重要であることである。当該コミュニティがどの時点で形成され、そのときどのような形成要因が作用し、その後どのような変化をしたかは政治を分析する場合常に考えておかなければならないということである。

第三は、同じく、コミュニティ論が前提にされていることからくるものであるが、政府が社会変動との関連で捉えられていることである。マッキーヴァー自身は、社会の政治への影響に関する法則性については性急になることを戒めている。しかし、かれの理論がたとえ、傾向という形であれ、社会のもつ意味を重要視していたことは間違いない。この問題をどのように受けとめてるかが後代のわれわれの課題のひとつである。

第四は、政治を論じるさいの理念や価値に関する問題である。マッキーヴァーの場合、かれの社会哲学に合致するものとして民主主義の評価があった。この場合の民主主義はリベラル・デモクラシーであるが、とくに世論を重視する民主主義観に基づいた政治理論はひとつの典型的な理論形態を示すものであるけれども、同時にたとえば現代における政治形態を民主政治と独裁政治のふたつに分けたように、政治における理念を強調する論者がしばしば陥りがちな、ある価値を過度に強調する問題点をもっていることも否めない。

第五は権力論に関するものである。かれの権力概念は下降型の権力つまり支配型の権力のイメージのものであり、権力構造観や権力の行使観にもこのことが表われている。しかしながら、かれの民主政治論やコミュニティと国家や政府との関係づけなどには組織化や成員意思の反映を重視する上昇型の権力観もみられる。

第六は政治における機能の問題である。かれ以前の政治学説のほとんどは、権力と理念を軸にした議論であった。この点、いち早く政治における機能の契機に着目し、しかも機能を重要なポイントとして提起したのは高く評価できることである。国家、権力、政策いずれもが機能に関連づけて論じられていたのを先にみた。

第七はかれの視野のなかに常に国際レベル、中央レベル、地方レベルの問題が課題としてあり、この連関がたえず検討の対象となっていることである。

以上を総合してみると、かれの政治理論がわれわれのいう理念論型の政治理論[48]であることに気づく。そこではある理念なり価値なりの選択が行なわれ、あらゆる現象がそれとの関連で捉えられ整理される。マッキーヴァーの社会理論、政治理論は複雑なままに社会を捉えるというかれの基本姿勢もあって、読む側にとっては理解を困難にさせる部分もあるのであるが、理論構成は一貫しており、理念論型の政治理論の典型であるともいえる。体制論にみられる過度な単純化、権力・理念・機能間の理論的緊張の欠如、社会法則や民主主義へのオプティミズムなど現代からみたとき問題点がみられることは確かであるが、われわれが政治を理論に基づいてみようとするとき、多くの示唆に富む論点を提起した理論家であったことは間違いない[49]。

注

1　拙稿「R・M・マッキーヴァーの国家論」(『高千穂論叢』、第二六巻第四号)。
2　かれの民主主義についてはすでに「R・M・マッキーヴァーの民主政治論」(『高千穂論叢』、第一〇巻第一号)で論じてある。
3　拙稿「R・M・マッキーヴァーにおける政治と社会」(『高千穂論叢』、第二五巻第三号)。
4　R・マッキーヴァー(中久郎・松本通晴監訳)『コミュニティ』、ミネルヴァ書房、一九七五年、二〇六号。
5　同書、二〇七～二〇八頁。
6　同書、二四一頁。
7　同書、二四三頁。
8　同書、第三部第三章。

9 同書、第三部第四章。同様の主張は次の文章のうちに明瞭に表現されている。すなわち「われわれの生活は、一つのコミュニティではなく多くのコミュニティに含まれ、さらにそれらは、われわれを重層的にとりまいて拡がって、種々のアソシエーションを作り出している。これらはその成員に様々な要求を課しているが、この要求は歴史的にみれば激烈に対立していたものであっても、社会の進展につれて融和するものであることが次第に認められてきている。類似性が相違性よりもさらに根源的であると自覚することが、相違性そのものを明らかにすることになる。(同書、三二五頁)。

10 同書、三二一頁。

11 R. M. MacIver, The Modern State, Oxford University Press, 1964, pp. 1-8.

12 ibid., pp. 8～16.

13 ibid., pp. 120-132.

14 ibid., p.145.

15 たとえば、国民感覚の成立に影響を与えたものとして、発明による技術の進歩(武器、印刷技術の発達など)による社会的距離が減少したために新しい力を解放させた(ibid., p.122.)など。

16 ibid., pp. 491-492.

17 ibid., p.342.

18 ibid., pp.364-420.

19 ibid., p.477.

20 国家を機能の観点からみる必要があることは、同書でしばしばくり返されている。とくに、国家の業務(ibid., pp. 183 ～ 192)および終章(ibid., pp. 480-493)を参照のこと。

21 ibid., p. 230.

22 R・マッキーヴァー(秋永肇訳)『政府論』、一九六〇年、八頁。

23 同書、二七頁。

24　同書、三八頁。
25　同書、九七頁。
26　同書、九九頁。
27　同書、一〇〇頁。
28　同書、五頁。
29　同書、六二頁。なお、同趣旨の議論は同書第一〇章にも展開されている。
30　同書、二〇二頁。
31　同書、二六五頁。
32　同書、二三一頁。
33　同書、二三二頁。
34　同書、二三三頁。この言葉につづいてかれは次のように述べている。民主政治の原理は「政治体制の全体としての国家が、共同社会内の多数者が賛成する目的に限定された共同社会の組織であることを主張する。力は決して世論そのものに反対する方向には向けられないというのが民主政治の意義である。」(同書二三三〜二三四頁)。
35　社会的基礎条件および国際関係については、同書下巻参照。
36　同書、九七頁。
37　同書、一一一頁。
38・39　同書、一二七頁。
40　同書、一二八頁。
41　マルクス主義やソヴィエト体制に対する批判は、同書の社会的権力の性質、独裁政治の方法、革命と変化に関連して行なわれている。
42　R・マッキーヴァー「権力の変容」(『世界の名著　バジョット、ラスキ、マッキーヴァー』、中央公論者、一九七〇年)、四六九〜四七九頁。
43 同書、四八六頁。
44 同書、四八四～四九一頁。
45 同書、十二章。
46 同書、五〇三頁。
47 同書、五〇三～五〇四頁。
48 理念論型政治理論を含めた政治理論型とその特質および、理念、権力、機能の相互関係については、「政治の契機」（『高千穂論叢』第二三巻第一号）および「現代政治理論への一視点」（『高千穂論叢』、第二四巻第一号）においてすでに論じた。
49 マッキーヴァー政治理論の特質と内容については、本章とは若干異った形で、拙稿「現代古典政治理論家としてのマッキーヴァー」（岡野加穂留・伊藤重行編著『政治思想とデモクラシーの検証』、東信堂、二〇〇二年）で論じてあるので参照されたい。

第五章　マッキーヴァー政治理論と現代政治

第一節　はじめに

これまでの数章で課題とし、力点をおいてきたのはいわゆる多元的国家論者というより、むしろ、政治分析をする場合の理論としてのかれの理論のもつ意義ということであった。その過程で多元的国家論が重要な意味をもつし、これについても必要に応じ言及はしてきたのであるが、われわれの関心が多元的国家論そのものよりも、R・M・マッキーヴァー理論の全体像にあり、かれの理論のなかに現代政治を理解する糸口があるのではないかという期待であった。

この角度からみるとき、かれの理論は他の多元的国家論者にはみられないもの、もっと正確にいえば、かれらの理論で前提にされていたり、あいまいなままに位置づけられているものが、マッキーヴァーの場合は明確に主張されており、しかもそれらの論点は現代政治を分析するうえで重要なものを含んでいたのではないかということであった。われわれがかれの理論に展開されている政治と社会を問題とし[1]、民主政治論をかれの社会哲学と関連づけ[2]、ラスキ理論との比較を試みたのもこのような関心があったからである[3]。

これまでのマッキーヴァー論のなかでわれわれはかれの理論の特質を示しその限界についても若干の指摘を行なってきた。ただ、その場合、必ずしも十分に問題点を追究してきたわけではない。なぜなら、これまでの諸章は各テーマの特質の指摘に重心がおかれていたからである。かれの理論に有意義性を見出そうとしているわれわれの課題はかれの理論を現代政治に適用してみてどのような問題点と理論的展望が見出せるかを再検討してみることである。二〇世紀の前半を主に活躍したマッキーヴァーの理論が現代政治にそのままあてはまらないのはいうまでもない。とくに、政治学の細分化が進んだ今日、細部にわたる現象への理論の適用可能性については大いに問題があることは間違いない。しかし、かれの理論を全体としてみたとき、決して軽視できない重要な論点をもっていたように思えるのである。そこで、かれの理論が何であったかを確認するために現代政治社会に発生している諸現象に関連づけて改めて検討し、それの現代政治理論としての意味について考えてみたい。

第二節　現代政治論と社会観

これまでも繰り返し述べてきたことであるが、われわれがマッキーヴァーに注目した最大の理由のひとつが、かれの理論が単なる政治社会に関する理論ではなく社会論を基本にした政治論であったことである。多元的国家論者は多集団社会を前提とし、国家論の前提になんらかの形の、国家をも包括する社会を想定した理論構成を行なっているのであるが、マッキーヴァーの場合は、むしろ社会理論が基本にあり、社会理論の一環として政治理論があるという面も有していることからみても、多元的国家論者としてはかなり特異なものをもっていたともいえる。

もっとも、社会科学の歴史という観点にたてば、一八世紀の後半から一九世紀にかけての理論家達は（少なくとも、後世に名前の残るほどの理論家達は）、政治を論じる場合、社会理論を展開している場合が少なくなく、マッキーヴァーが特に異例というわけではない。しかし、二〇世紀を中心に活躍したマッキーヴァーが、政治を論じるにあたって、社会理論を前面におしだしていたことは十分に注目しておいてよいことのように思われるのである。そこでまず、社会と政治に関する論議のもつ現代政治理論上の意味を検討することからはじめたい。

次章でマッキーヴァーの政治と社会を論じるさいに、かれの理論基礎社会に関する部分を社会的基礎条件に関する面と社会的行為に関する面に分けて検討する[4]。これはかれの理論にこの種の区分があったからではない。かれの社会理論はC・ページとの共著『社会』が示すように、また社会学者であれば当然に展開するであろうように、社会的行為に関連するほとんどあらゆる領域に関する概念と分析のあり方が展開されており、かれの社会理論を本格的に検討しようと思えばこれらすべてにわたっての検討が要求されることになる。従って、この種の小論で検討を加えようとするならば何らかの限定を加えざるをえないのであるが、ここでもまたこの区分に従って検討することにしたい。

まず社会的基礎条件面に関してである。ここでいう社会的基礎条件とは産業構造、地域構造等、社会の基本的な構造をなし、それ自体は社会現象でありながら、ある意思に従って短期的には容易に変化させることの困難な現象のことである。これらの現象は変動要因として作用するときは、社会行為のあらゆる領域へのインパクトを与えるとみなしてよいものである。この種の現象に関するマッキーヴァーの認識は必ずしも明瞭なものではなかった。

かれの著作の中でこの種の現象への着目がみられるのは後期に至ってからのように思われる。初期の著作のなかではこの種の問題意識は稀薄であった。マッキーヴァーにおいてこの種の現象を初期の著作でイメージしているものはかれの文明についてのものであろうが、『コミュニティ』での文明の位置づけは、文化と対比される意味の言葉であり、経済的体系や技術的、機械的用具の体系として考えられていた。この場合、文明はコミュニティ論のなかで積極的な位置づけがなされているわけではなく、たとえば、「文明はコミュニティ発達の尺度にはおよそなり得ない」[5]という主張にみられるように、この種の現象は中心的関心事でもなければ、主要な課題のひとつとして位置づけられたという印象もない。

『近代国家論』でも文明は文化との関連で位置づけられている。ここでは、制度的なもの、技術的なものが文明にあたるとされている。文明の特性はそれが累積的なものであるところにあるとされ、更新され進展していくものであるとされる。文明は移譲可能なものであり普遍性をもつものなのである。技術がまさしくこれにあたるものであるが、このような認識がみられたにもかかわらず、基本的には文化との相違論にすぎず、それ以上の議論ではなかった。

後期の『政府論』になると、この種の現象に対する問題意識があったとみてよい。以前に指摘したように、社会的基礎や社会力という用語が使用されているからである。そこで取り上げられている諸現象は社会に影響を与えうる基本的な要素として考えられていたとみてよいであろう。しかし、これらの要素間の影響力の相違やこれらをいわば社会的基礎条件論として位置づけしようとしたかは疑問が残る。

社会的基礎条件の諸要素間の影響力の相違ということに関していえば、これがなかったことは確かである。たとえば『社会』ではこのことは社会変動に関してたえず起こりうる条件として考えられ、その種のものとして物理的環境、生物学的条件、技術的なもの、文化的なものが並列して挙げられている。これらの社会変動条件は、たとえば生物学的条件として出生率、人口増減、人口移動が挙げられて、これらの変動の人々の意識や物の考え方、社会的出来事への影響が語られているように、社会にとって重要な変動を促す要因と考えられていたことは確かなのであるが、さらにつき進んでそれらの要因がどの程度の重要性をもっていたかの研究にまでは進んでいない。むしろ、関心は発展や進化についての学説、とくにC・ダーウィンやK・マルクスなどの決定論的な学説批判に焦点が移っているのである。

マッキーヴァーにみられるこのような性向は、かれの理論からすれば当然のことであったといえるであろう。なぜなら、社会学者マッキーヴァーからすれば、ある現象の存在とその変動は多要因から成りたつと考えられ、それら多くの要因の相互作用の結果であり、どれがどの程度の影響力をもったかは検証の結果得られるものと考えられていたからである[7]。科学者としてこの態度はきわめて当然のことであるが、決定論的な学説を批判することに力点がおかれているために、この分野での検証や動向の研究が軽視されていたことは否めない。なぜなら、先の四つの条件ないしは要因がなんらかの社会的影響をもつと考えるならば、当然に、どの種の、どの程度の影響力をもつかに関心が向うのが自然だからである。このことが十分に展開されなかったことは、かれのなかに、この種のものを社会的基礎条件論として位置づける関心が稀薄だったと判断せざるをえない。この点で、かれの社会理論は現在の問題を考察しようとするとき、物足りなさを感じさせるものがあることは否定できない。

他方、社会的行為領域に関するマッキーヴァー理論は現代政治理解にひとつの大きな論点を出していたことは間違いない。それがコミュニティ論であることはいうまでもない。コミュニティについてはこれまでに何回も取り上げ説明してきたので繰り返しは避けるが、評価されるべきことは、基盤社会あるいは基礎社会としての社会集団があり、これを基本においた政治社会論を樹立しようとしたことである。

政治学の歴史において、共同体、協同体、共同社会的な考え方は根強くあり、どの時代も一定の支持者を得てきた。そこに想定されているのは政治なき理想社会であったり、ありうべき共同社会であったりした。いずれにしろ、政治を超えた社会が想定されてきたわけであるが、これらの用語に結びつく学説が想定したものは大抵は想像上の産物であったし、その種のものが現実の社会に適用されるとき、結果としては、理想とは全く正反対の社会をもたらす場合がほとんどであった。

マッキーヴァーのコミュニティも政治社会を超えた種類のものであった。しかし、かれの描くコミュニティは理想社会ではなく現実の社会そのものである。たとえば、『社会』にみられる地域を範域とし地域社会感情を基礎要件とするコミュニティはわれわれが日常生活で感じるところのものであるが、同時に、そこに歴史的推移と空間社会での重複性を見出すことで検証を可能とさせ、それを基にした基礎概念としての位置づけをしようとしたものであった。こうすることによって、共同性の空想化を打破し、現実と遊離した概念を駆使した現実政治への概念の暴走を阻止すると同時に、コミュニティ概念を基礎概念とする社会理論と政治理論の樹立をはかったのであった。かくして、コミュニティはかれの政治学において、政治を分析するとき、たえずふり返り原点にある概念となったのであるが、現代政治を理解しようとする場合にもこのことの意義は薄れていないように思われる。

基礎社会としてのコミュニティは、社会の機能分化が進んだ現代社会において、政治を考えるときに、たえず他社会との関係を念頭におかせるし、それぞれの基礎社会、とくにそれぞれの時代の最大規模の基礎社会がどの時点で成立し、当該基礎社会がどのような人々から構成されどのような推移をこの社会がたどってきたかを確認させるし、何といっても、国家や政治社会と基礎社会とは同一物ではないという認識は政治学にたずさわる者がたえず理解しておかなければならない事柄なのである。

社会的行為に関するかれの社会論のその他の部分が現代政治を論じるにあたってとくに貢献をしているということはできないであろう。かれの社会理論のもうひとつの柱はアソシエーション論であろうが、かれはアソシエーションを共同関心をもとに集合する結社であり、すべての結社はまさにその本質において同様であるとし、結社間の本質的相違を認めなかった。アソシエーションはコミュニティ内の需要がなせる業であるという説であり、従ってアソシエーションを機能集団とみるこのような機能主義的観点は、確かに現代社会のひとつの真理を指摘するものであるとはいえ、集団間のもつ相違を機能面のみに限定する傾向は否定できず、その他の原因からなる相違面とそれらの相違面がもたらす現代政治との関連への考察を軽視させる結果となったことは否めない。

かれの社会理論は社会的個人に出発点があり、社会的個人がいだく分立的関心に起因する共同関心がすべてのアソシエーションの成立因であるのだから、あらゆる種類の社会集団とそれらを分類した場合の諸領域が課題枠としてあってよい。事実、かれの著作には経済的なもの、文化要因などの論述がみられるのではあるが、経済的なものは、マルクス主義理論がこの側面を強調し、マッキーヴァーはこれへの批判に力点をおく傾向もあってこの方面への理論展開はあまりみられなかったし、文化要因は、先にもみたように、物理的環境や技術などと並ぶ社会的基礎として位置づけられたのであるが、そのことがかえってこの領域自体の研究に進むことを妨げ、広範囲な影響力をもつものでありながら、他の社会的基礎要因と同様、影響力の特定化しにくい要因として位置づけられ、従って、政治現象との関連の追究もあいまい化されてしまったように思われる。従って、この部分でのマッキーヴァー理論の現代政治分析のための道具としての意義は少なかったといってよいであろう。

第三節　現代政治論と人間観

かれのコミュニティ論の特徴のひとつにコミュニティは発展するという考え方がある。このコミュニティの発展と裏腹の関係にあるのがかれの人間観である。発展観そのもののもつ社会、政治理論上の意味については次節で述べることにして、かれの人間観が現代政治理論上もつ意味について考えてみよう。

マッキーヴァー社会理論の出発点が社会的個人にあることは繰り返し述べてきた。社会理論の基礎をなしているのはコミュニティであるが、このコミュニティですらも、社会的個人のもつ集団をなす社会的性向のつくりだした産物である。かれは、人が社会関係や社会集団をつくるとき、共同社会的な関係や集団と結社的関係や集団をつくると考えた。この種の考え方はF・テンニエスのゲマインシャフトとゲゼルシャフト論[8]にみられるように、社会学や歴史社会学に関心を抱く人々に、いくらかの理論や概念上の相違はあれ、多かれ少なかれ、一九世紀から二〇世紀初頭にかけての大理論家達が関心を示し論じてきたテーマであった。このようなテーマが課題となったのはそれまでとは異なった新しい時代に入っていたからに他ならない。工業化、都市化、産業社会、資本主義社会など、その後長きにわたって現代社会を表す言葉に内包される諸特徴はすでにこの時代に現れつつあったし、特にゲゼルシャフトやアソシエーションにあたる社会集団の成立はこの種の集団の特質とそれを成立させる新しい要因の探求に人々を向わせたであろうし、これとの関連で旧来から存在してきた共同体的な集団との位置づけを試みることを促したであろうことは想像に難くない。

このようななかで社会の基本的なものの存在を提示したのがマルクスの階級論であり[9]、E・デュルケームの集合表象論であり[10]、マッキーヴァーのコミュニティ論であった。デュルケーム等が社会的なもののもつ意味を重視し、この側面の社会認識、分析にとっての重要性を強調し、この前提に基づいた社会理論を展開していったのに対し、社会的なものの基礎としてのコミュニティの重要性を指摘し、この概念を基本においた理論を展開しながらも、これと同等の重みにおいて人間論を展開したのがマッキーヴァーであった。かれの人間の位置づけは社会理論の出発点、つまり意志をもつものとして客体に向う主体としての存在であるという基本的なことを主張したことにあるだけでなく、コミュニティと並んで、あるいはコミュニティと密接な関係にある主要な社会形成と変動の要因として人間論を位置づけたところにある。それが人格概念であった。

人格つまりパーソナリティは個性と社会性の二要素から成るとみなされた。自己決定能力、自己表現能力、自律的存在等に示される個性と、社会関係の複雑さ、広範囲化等に示される社会性は、これらがより増大することが発展を意味すると考えられているのであるが、むしろ重要なことは、パーソナリティの発展が、同時にコミュニティの発展を意味するとされることによって、社会理論における人間の位置づけが行なわれたことにある。

すなわち、社会理論を展開する場合、マックス・ヴェーバーが述べたように、社会の歴史的因果分析、大量現象の反復性、パターンの発見などが基本課題となることはいうをまたないが、同時にこのような社会の法則(的なもの)やメカニズムの分析のみでなく、社会理論には人間の問題がたえずつきまとうものであるということを示唆している。そして、人格をもつ人間としての個人あるいはパーソンがコミュニティと相関の関係にあることが主張されたのであった[11]。この種のテーマが近代思想家達の問題意識と共通のものであったことはいうまでもない。

近代の社会理論の出発点は個人であった。近代初期の思想において、個人は全体として一個の個人であった。社会契約説では個人は全体として社会契約をすると考えられた。しかし、時代が進展し、産業社会がおとずれ、資本主義社会が成立すると、社会が分化し、人々のなかでも分化が起る。政治的なもの、経済的なもの、文化的なものへの関心が一人のなかに数多く存在することになるし、社会のなかでは、個人一般ではなく階級や階層に分けられた場合のいずれかの階級や階層に所属したり、所属させられた個人となる。このような歴史社会の現実のなかで社会理論家達は部分人と全体としての個人をどのように位置づければよいか葛藤してきたのであった。マルクスの疎外論、J・S・ミルの市民社会論[12]はそのような試みであった。

マッキーヴァーの個人や人間論あるいはパーソナリティ論もその種の試みのひとつであったといってよいであろ

う。かれは人間をパーソナリティをもつ個人あるいはパーソンとして理解した。しかも、コミュニティの発展はパーソナリティの発展に符号すると考えたのである。ここでは個人は政治、経済、地域活動、社会活動、文化活動のいずれをも営む人間としての一個の総体である。啓蒙思想も総体としての個人を出発点としたが、未分化社会が前提とされた。機能分化がみられる現代社会にあって、人は部分人としての行動を余儀なくされてきた。マッキーヴァー社会理論が、部分社会の到来を、現代社会の基本的な特徴としてうけとめたことは、多集団社会という認識をみれば明らかなのであるが、同時に部分社会を超えたところに、あるいは別の言い方をすれば、部分社会の母体としてのコミュニティをおき、これにパーソナリティ論を関連づけることによって社会理論における人間の位置づけを行ない、これの重要性を認識させようとしたのであった。

このことの現代政治理論上の重要性は十分に理解しておくべきことのように思われる。現代政治では社会をどのように位置づけ、社会と政治のあり方がどのようであるべきかが問われている。その場合、当然に社会のメカニズムが何であり、それがもたらす結果の意味を問い、政治が社会にどう対応すべきかが問われることになるが、その場合、メカニズムの評価と並んで、最終基準のひとつとなるのが個人や社会の発展にとってどのような意味があるかということである。この意味でマッキーヴァーのパーソナリティ論は社会法則の発見やパターン分析のみの社会科学論への批判を含んでいた。そして、調和的発展の社会哲学に基づいた理論を展開することによってひとつの解答を提示したのであった[13]。

同時に大きな問題点をもっていたことも否定できない。パーソナリティ概念がこれほどに重視されるのであれば、現代社会における経済領域の検討と評価が行なわれる必要があった。なぜなら、現代社会において経済の占める比率は大きなものがあり、個人の生活のなかでも経済活動の占める比率は大きいからである。しかし、かれの社会論で経済に関する論述は少ない。もちろん、それぞれの社会領域にはそれぞれ固有の研究領域があり、そのすべての研究を行なうことは不可能であるが、パーソナリティの発展を阻害する場合の大きな要因のひとつに経済活動とそれがもたらす結果が原因となることが多い現代社会の状況からみるとき、もっとこの領域への関心と言及があってよかったのではないかとも思えるのである。

それはともかく、かれが力を注いだものは社会学であり政治学に関係することであった。これらのうち社会学的人間論は社会学者に共通の社会的行為のパターンやメカニズムであるからここで触れる必要はないであろう。政治における人間論は権力構造を構成する人間、政治の指導者、集団への参加を通して政治に関係する人間、そして、国家の構成員としての市民として現われていることである。これらのうちの市民論では、市民は権利をもち義務を引受ける国家に関係する部分人として捉えられた。このような人々はかつては少数の上層階級のみの人々であったが、市民権の拡大がみられ、現代では大部分の人々が市民として認められるに至ったというのがマッキーヴァーの歴史認識であった。[14] この種の市民論は古代ギリシア時代以来のオーソドックスな市民観ではあるが、社会の機能分化がみられる今日、国家以外の社会領域における権利と責務の問題がどのようであったかをかれの主要著作からうかがうことができないのは惜しまれる。

第四節　政治構造と現代政治

マッキーヴァーの政治社会に関する議論を読むと、段階論的な論理構成が行なわれていることに気づく。もちろん、これは単に頭のなかで構成されたものではなく、政治社会の実態観察と分析のなかから得られたものではあるが、このような視点は現代政治を考えるうえでも参考になるものを含んでいると思われるので検討しておこう。

この種のもののひとつがコミュニティの発展論との関連で展開されているものである。マッキーヴァーにとってコミュニティは多種多様に存在しうるものであった。なぜなら、コミュニティは一定の地域と共同生活がみられるとき、あるいは地域性と地域社会感情がみられるとき成立すると考えられたからである。コミュニティは世界大でみれば無数に重層的に存在していると考えられるのであるが、発展論との関連でいえば、最大規模のコミュニティの展開過程が重要である。以前にも指摘したように、かれのコミュニティ発展論はパーソナリティの発展と同時進行的なものであった。マッキーヴァーにとって、新しい規模のコミュニティの成立契機はそれほど重要ではない。重要なのはより完全な共同社会に向かおうとするコミュニティになにがみられるかということであった。そのとき、パーソナリティ論はかれのいうコミュニティ発展法則を確認するための指標となるのである。せまい範囲のコミュニティしか成立していないときはパーソナリティのレベルも低い段階にあるのである。パーソナリティのレベルが高まるにつれて人々は最大規模のコミュニティとして都市国家、国民社会などのコミュニティをつくり出してきた。

この議論をつめていけば世界社会論に至るのは当然の帰結である[15]。事実、かれは世界社会を展望しようとした。将来の世界社会はかれが期待した世界であったが、もちろん、かれが生きた時代がその種の世界社会に程遠かったことも十分に認識されていた。従って、重要なことはこれから人類がどのような行動をとりうるかということである。

これらの議論のなかに現代政治を考える上での重要な論点を見出すのは困難ではない。まず第一に、最大規模の基礎社会としてのコミュニティは長い歴史のなかではその範域を拡大してきたということである。紆余曲折は当然に考えられるのであるが、全体としてみたとき、確かに、時代が新しくなるにつれて新しい、より範域の広いコミュニティとしての地域社会が成立してきたのは事実である。マッキーヴァーが活躍した時代とその直前の時代は、社会も国家も巨大化したという歴史的事実があった。そのような歴史をみるとき、かれが最大規模のコミュニティを範域の拡大の歴史としてみたことは仕方のないことであったし、究極の最大規模のコミュニティとして世界社会を思い描いたことも自然なことであった。そこにはある種の規範理論的な面が入りこんでいたことは否定できない。そして、規範理論としての政治学説史で描かれる理想社会は人類共同体、世界国家、世界政府などであるのだから、世界社会の内容に関しては論者によって相違はあるが、いずれも範域と対象とする人々は同じであり、この点ではかれの理論もこれらの人々と考え方を共有するものがあったといえる。

一方、その後の歴史の推移をみるとき、最大規模のコミュニティが必ずしも単線的に拡大するものではないことをわれわれはみてきた。ソ連邦やユーゴスラヴィアの国家としての崩壊はこれらの例証を示すし、これからも起りうることであろう。従って、範域の拡大とその原因に関する議論をさらに検討する必要があるが、この点に関してはかれの他の著作を検討する必要があるので他日を期したい。いずれにしろ、最終の、最大規模のコミュニティとしての世界社会の展望を提示したことは、かれの理論が現在の国民社会枠を超えた社会を想定し、これとの関連のなかで現代社会と政治をみていたことを意味する。このような展望はマッキーヴァーが活躍した時代以上に現代社会で要請される事柄である。マッキーヴァーの意味でのコミュニティとしての世界社会は現在でも実在しない。経験科学としては、従って、世界社会の分析は成立しないが、それだけに政治理論の規範理論としての役割が期待される場合、かれの意味でのコミュニティとそれの世界規模でのコミュニティの現代と将来への意味と適用可能性は考慮するに価するものと思われる。

第二はコミュニティの発展を保証するものはパーソナリティの発展にあるとしたことである。これは社会の発展に人々の意識と行動の進展が不可欠なことを主張していることである。人類の歴史は、人々がせまい範囲の交流の時代から世界大の範囲の交流を頻繁にする人々をも生みだした時代に至った現在までの歴史である。そのような時代に到達したにもかかわらず、現代人のなかに世界人としてみなせる人々が幾人いるかははなはだ疑わしい。先進的であるといわれる人々でさえ、国民や民族さらには人種の痕跡を強くとどめ、思考、発言、行動のなかでその種のものが無意識のうちに出てくることは稀ではなかろう。まして、現代の平均的人間はほとんど全くどこかの国民としての行動しか行なっていない。このことはまさしく、現代人が国民としてのパーソナリティつまりそれだけの広さと深みしかもっていないということである。かれのパーソナリティ論は大衆つまり一般人のレベルでパーソナリティがどのような状況にあるかが重要であることを示唆するものであった。市井の人達が世界人としての自覚をもち行動ができなければ本来の意味の世界社会は達成されない。そして、国民社会成立までの歴史は人々の社会性が拡大し、それをもとにその範囲の自律的行動が行なわれてきた歴史であったというのがマッキーヴァーのいおうとしたことであった。

大衆がある状態に達するということは大量現象としてその種の状態が現われるということである。従って、一朝一夕に達成されるわけではない。それに教育、文化、情報、技術を含めたその社会がもつ社会力の程度が関係する。マッキーヴァーの場合、これらの社会力とコミュニティとに対応する人間の関係が必ずしも直接に関連づけて論じられているようには思われないが、かれの理論を相互に関連づけるとき、その種の評価も可能であり、この方面でのヒントを与えているとも思えるのである。

なお、かれは、市民を権利をもち義務を果す人として理解し、市民によって構成される国家における市民権を少数者がもっていた時代から労働者階級ももつに至ったのが現代であるとしているが、これはパーソナリティの別の側面である個性の発展を意味しているし、ここにもかれの段階論的視点がうかがえるのである。

第三の論点は、段階論的コミュニティ史が想定されるとすれば、コミュニティの重層的存在が当然に想定され、(事実、かれはそのように主張しているのであるが)、コミュニティ相互間とその機能集団間の関係はどうであるかがテーマとなってよい。

歴史的な推移を含んだ段階論ではないが、別の種類の段階論的思考がかれの政治理論にみられる。すなわち、基礎社会としてのコミュニティ、コミュニティのなかの総合的調整機能を果すアソシエーションとしての国家、国家の機関としての政府という考え方である。現代の英米政治学では必ずしも一般的でないこのような位置づけは基本的に首肯されるものであると思われる。国家が基礎社会とは同一ではないこと、従って、基礎社会における地方自治体を含んだ多くの団体や集団を国家との関係でどのように位置づけるかは現代の大きな課題であり、この種のことが課題であることを認識するためには、一旦、これらの各種の集団が基礎社会のなかの団体であることを自覚する必要がある。また、基礎社会枠が変動したり、国家機関としての政府の役割のあり方も、国家の基礎社会のなかでの位置に係わっている。マッキーヴァーの理論はこれらのことを考えさせるきっかけを与えるものである。この点でかれの理論では必ずしも明確ではない、あるコミュニティとそれより規模の小さなコミュニティ間における機能集団としてのアソシエーションの位置づけの検討や、さらには政治的アソシエーションとしての国家や地方自治体とその機関としての中央政府や地方政府の関係の検討が要請されるであろう。

第五節　マッキーヴァー現代政治社会論の特質

マッキーヴァー政治理論がかれの社会理論をベースとしていると認識することは基本的なことである。コミュニティ論やパーソナリティ論はかれの基本的価値観である社会の調和的発展という考え方の表明であると同時に、歴史の評価と現状認識を示すものである。歴史の評価という面からいえば、全体としての歴史はコミュニティとパーソナリティの発展がみられたというのがかれの見解であった。前節で論じたなかにこのことは示される。歴史をみる場合にコミュニティやパーソナリティを評価の対象とみなす考え方は社会科学の世界ではむしろ稀有な方であろう。文明の発展や経済の発展段階説は一般的であるが、社会学的な性格のものや人間論を中心に据えた評価はなかなかみられないし、あったとしてもしばしば偏見に満ちた単純な人種差別や民族差別を前提にしたイデオロギーであることが多い。この点、かれの理論はこの種の問題点を完全に脱却しており、しかも歴史における発展論や進歩論への別の角度からの見方の必要性を提起するものであった。

現状認識という面からいえば、最大規模のコミュニティとしては、現代のそれは国民社会の段階であり、人々が国民という枠組から脱却できていない状態であった。この国民社会の枠組のなかでは、少なくとも民主主義国家における国民は数量的にも質的にも影響力と自主権を拡大させてきたというのがマッキーヴァーの時代認識であった。かれの権力論や国際社会を取り扱った論考はこれらを論証しようとするものであった。かれのこの時代評価がかれの政治論に大きく反映されることになる。

『政府論』のなかでかれは神話をふたつのキー概念のひとつとして使用し、政府と政治の分析を行なっている。神話は「人々がそれによってまたそのために生きるところの、人々が抱く、価値を含んだ信条および観念」[16]を意味するとされるが、現代の神話はまさしく国家に関連するとされ、これが国際間の問題を適切に恒久的に解決するための組織の成立を妨げてきたと考えたのである。つまり、ひとつは近代的な国家主権の神話であり、他のひとつは国家的利益の排他的性格の神話であり、いずれも自国の主権を主張し、自国の利益を第一とし、自国の利益を含む他の諸国全体の共通利益に配慮することを困難とさせてきたというのである[17]。

他方、個人あるいはパーソンの部分人としての市民の権利つまり市民権の拡大の歴史的認識はこれが国民社会論と結合することによって枠づけられることになった。市民権の拡大はネイション・ステートと無縁ではない。社会学者であるマッキーヴァーは国家形態や政府形態が過去に多種多様に存在したことを提示できたが、近代における国家形態や政府形態を大きくは独裁的なものと民主的なもののふたつに分類し、市民の参加や影響力のはるかに大きな形態を民主国家、民主政治であるとし、それと反対のものを独裁国家、独裁政治であるとしたのであった[18]。

近代、より適切には、現代の政治を民主政治と独裁政治のふたつに分ける二分法は、後者の場合、更なる小形態が提示されているとはいえ、あまりに単純である。これには正統派のリベラリストの系統にあるマッキーヴァーの政治的価値観と、二〇世紀に至って現実政治の世界で現われたファシズムの出現や共産主義国家の成立が大いに影響していたと思われるが、かれ自身の主張と論理のなかにもその特質が内在していたともいえる。

かれはこれらふたつの形態の相異の基本的なもののひとつを、非権威主義的構造をもっているか、それとも権威主義的構造をもっているかにあるとしている。さらに、民主政治を、政府を成立させたり解体させたりする自由、および、抑圧に対抗する自由という基本的自由があるかどうかに求めている。これがあるとき、民主政治は、国家や政府が強制力の使用を制限され、共同社会の擁護が可能になるとされる[19]。従って、民主政治の本来の意味は単なる多数者の意思以上のものであり少数者の意思の尊重を含むものとされる。これに対し、独裁政治は共同社会を無視し国家とコミュニティを分離させる権力構造があり、独裁者の意志が法的手続きによって拘束されない政治形態であるとされる[20]。

ここにみられる論理はまず基本価値としてコミュニティとこれを構成する人々があり、この基礎社会やそこに住む人々全体の基本的なものを損なうかどうかということが基本であり、これを国家そして国家の主要な権力上の担い手である政府あるいは政府の担当者が法的手続きを無視して自己の意志を強制するかどうかということである。この種の強制意志が実行に移されるということは、人々が国家や政府に与えた権限を逸脱するものに他ならず、国家とコミュニティを分離させる権力構造があるとみなされることになるし、逆に、この種の強制意志の行使に抵抗することができ、政府を成立、解体できる自由があるとき民主的政治が行なわれ、非権威主義的権力構造の状況にあるとみなされたのである。

この議論がマッキーヴァーの一貫した社会理論の帰結であることはいうまでもない。現代政治のあり方を考える場合でも、基礎社会と人格をもつ人としての個人に原点を求めることも首肯しうるところである。さらにいえば、世界大のコミュニティが成立すれば、この論理は究極の理想社会の達成をも予想させるものである。また、政府を成立させ解体させる権限は国家の構成員である市民という位置づけからすれば、これは議会制民主政をはじめあらゆる間接民主主義の基本原理であり、理念としての民主主義を受け入れる限りむしろ当然のことであろう。しかし、現況は、せいぜい、国民社会大のコミュニティが最大規模の基礎社会である。従って、政治のあり方を考えるならば、主に国民社会や国家規模以下の政治について検討する必要があるのであるが、その場合、政治理念を追求するとしても、現状分析にたった理論展開が要請されるであろう。

第六節　おわりに

国家を論じ[21]、その機関としての政府を問題とし、政府を価値の面から支えている神話としてのイデオロギーやその他の信条、政府権力の構造を論じることを主題とし、現代の政治体制の評価として独裁政治を斥け、民主政治を評価する政治論はきわめてありふれた政治的リベラリズムの立場である。

　しかし、政治を基礎社会や人格論と結びつける論は、政治プロパー領域に関心を限定したり、社会論を議論するまでもない前提としてこれに関心を示さない理論家達とは異なった立場であり、もともとはすでに社会契約説以来の近代古典政治理論と関心を共有し、人格論はJ・S・ミルに通じるものである。しかし、マッキーヴァーの特質は社会や人格に関する理論を概念上の問題としてだけでなく、これをコミュニティや社会性と個性の問題であるとし、それらを歴史的現実社会のなかで歴史的に社会学的に立証しようとしたことにある。そして、これらを基本概念として、政治を担うアソシエーション、その他のアソシエーション、政府の関係のなかで捉え、将来展望としての世界社会のなかでのこれらの関係を考量に入れようとしたところにある。

　現代社会では実証性なき理論は考えられない。社会科学が実証性のみですまされてよいかについては議論のあるところであるが、マッキーヴァーは社会学的実証性をベースにしながら、リベラリストとしての価値評価にたった政治理論を展開した。これは、それまでのリベラリストにみられない展開の仕方であり、この意味でわれわれは、かつて、かれを現代古典政治理論家の代表者のひとりとして位置づけてみたのである。

　マッキーヴァーは二〇世紀前半を活躍した人物である。従って、概念も、対象や関心もその時代の制約を免かれることはできない。国際社会の変動、環境問題の発生、情報技術の発達など新しい状況や新しい条件の発生はこれらの政治社会との関係を位置づけることを要請している。マッキーヴァー政治・社会理論がそのまま現代社会に適用することができないのはもちろんである。しかし、かれが提起したもののいくらか、とくに基本的な視点は現代政治を考えるうえで有意義な示唆を与えてくれているように思われる。それが本章を書こうと思った理由である。

注

1 拙稿「R・M・マッキーヴァーにおける政治と社会」(『高千穂論叢』)第二五巻第三号)。
2 拙稿「R・M・マッキーヴァーの民主政治論」(『高千穂論叢』第一〇巻第一号)。
3 拙稿「R・M・マッキーヴァーの国家論」(『高千穂論叢』第二六巻第四号)。
4 前掲「R・M・マッキーヴァーにおける政治と社会」。
5 R・M・マッキーヴァー(中久郎・松本通晴監訳)『コミュニティ』ミネルヴァー書房、一九七五年、二〇二頁。
6 R. M. MacIver, The Modern State, Oxford University Press, 1969, p.p. 326-329.
7 R. M. MacIver and C.H.Page, Society, Macmillan and Company Limited, 1967, p.p. 509-573.
8 F・テンニエス(杉之原寿)訳『ゲマインシャクトとゲゼルシャフト上・下』岩波書店、一九六五年。
9 たとえば、(大内兵衛・向坂逸郎訳)『共産党宣言』、岩波書店、一九六五年など。
10 E・デュルケーム(伊井玄太郎・寿里茂訳)『社会分業論』、理想社。なお、同書では共同的意識や集合的意識などの用語が使用されている。(同書一〇二頁など)。この他、E・デュルケーム(宮島喬訳)『社会学的方法の基準』、岩波書店、一九七九年も参照。
11 これらについては前掲「R・M・マッキーヴァーにおける政治と社会」等で紹介し論じた。
12 J・S・ミルの市民社会論については、たとえば、深田弘『J・S・ミルと市民社会』、御茶の水書房、一九七二年参照のこと。
13 調和的発展の社会哲学が根底にあったとの指摘は前掲「R・M・マッキーヴァーの民主政治論」で行なった。
14 op. cit; The Modern State, p.p.69-145.
15 R・M・マッキーヴァー(秋永肇訳)『政府論』勁草書房、一九六〇年、第十二章。
16 同書、五頁。
17 同書、五〜二四頁。
18 oc. cit; The Moderan State, p. p. 335-363. および前掲『政府論』二〇三頁。

19 同書、二〇三～二三八頁。

20 同書、二六五～二六六頁。

21 国家と現代政治に関しては第三章で論じてある。

第六章　マッキーヴァーにおける政治と社会

第一節　はじめに

多元的国家論者のひとりとして知られるR・M・マッキーヴァーは、他の多元的国家論者と比較したとき、かれが取り上げたテーマの内容の豊富さ、理論的安定度面で他の理論家達よりはるかに優れた面をもっていたように思える[1]。その原因は、かれが単に政治理論家であっただけでなく、それ以上に社会学の面において優れた研究家であり、持論をもっていたことにある。政治学者はとかく政治学プロパーの思考に片よりがちである。もちろん、それぞれの個別科学にはそれ固有の領域と理論があってよいのであるが、少なくとも、多元的国家論者が論じようとした課題の重要性と範域からすれば、社会論をもつことは必要なことであった。他の多元的国家論の論者に社会論がなかったわけではないとはいえ、社会理論をもちながら正面から政治論を本格的に論じたのはマッキーヴァーであったといってよいであろう。そして、このように、社会との関連のなかで政治を捉える理論は、現代政治を理解する場合のひとつのあり方の先駆者として十分に魅力あるものである。

政治を社会との関連で位置づける理論は必然的に論点を多くし、複雑ななかでの認識を必要とする。事実、マッキーヴァーの政治、社会論は多方面にわたっており、これを検討することは大変に興味を与えるものである。

本章のようなテーマでマッキーヴァーを改めて取り上げようと思ったもうひとつの理由は、現代政治理論のひとつの典型的なパターンとしての多元的国家論をいずれ検討してみたいと思っていることにある。別稿にて、われわれは多元的国家論をわれわれのいう理念論型政治理論として分類し、この型の理論系譜の現代の原型として位置づけた[2]。つまり、政治を論じ、分析し、未来を展望するにあたって、価値や理念要素が強く主張ないし反映されているのがこの型の政治理論の特徴であるが、しかも、現代社会の諸現象が課題とされ、影響を与えているのを前提にしてなお理念や価値が強く主張されている理論として多元的国家論を位置づけてみたのである。多元的国家論者には、H・ラスキをはじめとして多くの理論家がいるが、取り扱っている範域とわれわれの研究歴との関連でマッキーヴァーを取り上げるのがもっとも適切と考えたのである。

本章では政治と社会の関連を追究することを課題としたい。マッキーヴァー政治理論の本質はかれの社会観と社会理論にあるといって過言でないほど重要である。多元的国家論者への興味と評価は一元的国家論との対比から、どうしても国家論に関心と論議がおかれがちであった。このことは、政治学説上の重要性からしてもやむをえないことであるとはいえ、あまりにも、そのことだけに限定されていたように思われる。そのために、現実の政治の推移が多元的国家論者が主張した国家論と反する事態が生じたとき、その理論的有意性に疑問が出されるに至ったのであった[3]。かれらの国家論に重大な欠陥があったことは確かである。しかし、そのことから、かれらの政治理論全体から学ぶものが乏しいと考える必要はない。多元的国家論は政治の全体像を描き理論化しようとする試みとしては政治学説史上、目下のところ最後に位置すると考えられるのであるが、この理論がわれわれと同時代に現われたものであるだけに、政治理論一般としても重要な論点があったのではないかと考えてみる必要があろう。事実、マッキーヴァーの理論はその意味で多くの論点を含んでおり、とくに政治を論じるにあたって社会をどのように考えることができるか、あるいは社会をどのように考えるべきかに関して興味ある議論が展開されていたと考える。

第二節　社会における人間観と政治における人間観

社会の基本単位としての人間がどのように理解され、政治における人間がどのように理解されていたかをまずみておきたい。

近代政治理論の特徴のひとつは政治を論じるにしろ、政治社会像を描こうとするにしろ、人間とは何かから出発していたことであった。中世の政治理論に代表された神の観念が成立しがたくなった近代社会において、人間が中心的位置を占めるに至ったとき、社会の基本的構成要素としての人間を分析し、そこから社会理論の根拠を見出そうとしたことは容易に理解できることであった。そして行為者としての人間がどのような行為契機をもつかが注目された。その端初をなしたのはT・ホッブズであったことはいうまでもない。かれの理論において、人間は感情と理性の二要素を有する行為者として捉えられた[4]。この場合、人間は人間一般であって、あらゆる人間に共通にみられる要素としての感情と理性であったのである。

二〇世紀に活躍したマッキーヴァーがこれらの先人達と同一の考え方をしていたわけではないのはもちろんである。しかし、かれの社会理論の出発点のひとつが人間の一般的な特性を抽出することからはじまっていることは注目してよいし、同様に、人間一般がまず問われていることに、古典・伝統型の政治理論の特色をみることができる。

それはともかく、今、人間一般が課題にされていると述べたが、その起点となったのが社会的個人の概念であった。かれはこのことを次のように強調して述べている。「社会的個人でないような個人は存在しないし、社会は個々人の結合や組織以上のものではない」[5]。この主張のなかにマッキーヴァーの人間に関する理解が表明されている。ここで語られているのは人間そのものの本質についてである。かれが問題にしているのは日常的個人としての人間である。

社会的個人という概念を提出することによって、人々がしばしば陥りがちな極端に理想化された人間観や、逆に問題性のみをもつものとして考えられるような人間観を排斥しようとしたのであった。しかも、この言葉自体が文字通り示すように、個人と社会とが結合しているという人間観である。このことは、思想史的にみても、また、日常生活のレベルでみても、個人と社会とがしばしば互いに異質なもの、対立的なものとして理解されてきただけに、きわめて単純な事実であるにもかかわらず注目してよい。ところで、かれのこの人間観は理論的にはパーソナリティ論として提起されることになった。つまり、個人であることからくる個性と社会的存在であることに起因する社会性のふたつをもつ存在体がパーソナリティをもつ人間として理解されたのである。かくして、パーソナリティの二要素としての個性と社会性の内容が問題となる。

マッキーヴァーは個性ないし個性化ということについて、「パーソナリティの成長にも不可欠な自己決定と自己表現の資質や能力」[6]であるとか、「自律的存在に、すなわち、彼自身には固有の価値や真価が有るものとして承認し承認される自己指導的で自己決定的な一段と独自なパーソナリティになること」[7]と述べ、社会性ないし社会化について「人間が社会に一層深く根を張る過程、つまり、人間の社会的諸関係がより複雑かつ広範囲になる過程、人間が仲間との関係を増大させ、発達させることにおいて、またそのことを通じて実現を見出す過程」[8]であるとし、他の個所で「人間の天性を……個人が応じうる最も広大なコミュニティの目的に、つまり人間のあらゆる潜在能力を発揮するに足るだけの深みと広がりのある目的に完全に一致させること」[9]であるとしている。そして「かれの社会化が深くなればなるほど個人が属する潜在的なコミュニティもそれに応じて拡がる」[10]ものとしている。

これらから理解できるように、個性は人が自己を開花させ、そのための行為を導く各種の能力であり、社会性は人が他の人々との関係を複雑化、広範化し、そのことによってより広いコミュニティを形成できるための発達能力である。マッキーヴァーによれば、この個性と社会性とは本来的に(あるいは望ましい状態では)パーソナリティのなかで調和し統一されている。もちろん、現実の社会のなかでは、社会性と対立する個性の発現も考えられるが、その種のものは病理現象とみなされている。従って、基本的に、個性と社会性とは常に成長し発展しうるものとして理解されているのである。社会関係とはその種の個性と社会性の共通の部分要素が結合した状態なのである[11]。

かれのこのような人間観がかれの政治理論と密接な関連をもっていることは間違いない。第一にパーソナリティ概念の政治理論上の意味である。マッキーヴァーは個人の自由を重視するリベラル・デモクラシーの系譜にある。しかしながら、かれの理論の重要性は、個人の自由の基底にパーソナリティの存在があることを示し、同時にパーソナリティに個性と社会性を内包させ、しかも両者の調和と同時的発達を展開することによって、かれは民主主義論への社会認識を基礎とした価値基盤を与えたことである。第一章において、われわれはかれの民主政治論が調和的発展に特色があることを指摘したが、その論拠のひとつがここにあったことはいうまでもない。

第二は個人あるいはパーソンと市民つまりシチズンの区別と両者の関係に関するものである。先の論旨は『コミュニティ』によるものであったが、この他、パーソンと市民の関係が『近代国家論』[12]においても位置づけられている。ところで、マッキーヴァーが人という場合、「コミュニティに生を享け己の生活をコミュニティに負」[13]う生命体であった。人は必ずコミュニティに生まれてくるものであり、その成員となる。また、そうすることによって生命を継承し、伝えていくのである。コミュニティ内の諸個人はコミュニティの伝統、思想、慣行を学び、そのことによってコミュニティの社会的資産が形づくられる。この種の個人がパーソナリティの所有者としての人間であることはいうまでもない。人間個人は個性と社会性を発達させることにより、様々な要素の所有者、行為者として位置づけられる。そのような行為者の部分人が市民である[14]。この部分人としての市民が国家の構成単位であり、市民達が合意した決定(実際には、多数者の意志)が国家の意志ということである。つまり、個人あるいはパーソンはコミュニティの構成単位であり、市民は国家のそれということである。このことの意味はコミュニティ論やアソシエーション論が明確になってはじめて理解しうるものであるので、ここでは今述べてきたことを確認するにとどめたい。

第三は右に関連するが、政治における人間である前にコミュニティにおける人間であると認識されていることのもつ意味である。政治思想の歴史をみるとき、その学説が論者の人間観次第で大きく異なっていることが分かる。たとえば、市民主義的人間観、階級論的人間観のようにである。これらの人間観はそれぞれに時代の生んだものであり、それなりの根拠があるとはいえ、それが政治理論に適用されたとき、この人間観に基づく社会要素が過大に強調され、そのことがある種の問題性を感じさせてきたことも否めない。この点、マッキーヴァーの場合は、市民論を展開しながらも、日常人としての人間を出発点においている点に注目したい。日常人と市民に関するマッキーヴァー的理解が適切であるかどうかはともかくとして、現代は政治のみで社会が成立しているわけではない。そのようななかで、このことをどのように考えるかが問われており現代政治を分析し検討するうえでの検討材料として興味深い。

第三節　コミュニティ論

コミュニティ論はマッキーヴァー政治理論の核心をなしているといって過言ではない。前節の人間観もコミュニティ論を知ることなしには理解しえない。コミュニティと政治の関連は順次検討するとして、その前にかれのコミュニティについての考え方を理解しておこう。

「私はコミュニティという語を村とか町、あるいは地方や国とかもっと広い範囲の共同生活のいずれかの領域を指すのに用いようと思う」[15]。これは『コミュニティ』の一節である。このような内容からも分かるように、コミュニティには領域が想定されている。しかし、この領域は固定的なものでもなければ排他的なものでもない。領域を輪郭づけるのは共同生活の存在如何である。この場合の共同生活とは風習、伝統、言語等を原因とする場合もありうる。いずれにしろ、共同生活が存在するか否かは共同性の程度に関係する。それは明確な場合もあればあいまいな場合もありうるのである。かれは共同生活が成立するのは人間に内在するものであると考えている。

このような性格をもつコミュニティはわれわれの生活に無数にあるとされる。従って、われわれは多くのコミュニティに属し、コミュニティは都市、民族、国民社会、世界社会など重層をなして成立しているとされる。

マッキーヴァーのコミュニティ論において主張されているもうひとつの重要な点はコミュニティが発展や法則をもつものとして理解されていたことである。かれはあらゆるコミュニティはそれがより完全な共同形態に向っているところでは発展法則があると考えていた。かれはコミュニティにおける非進歩的な法則の可能性を否定しているわけではない。しかし、かれは、発展法則のみに着目し、この法則が展開される場合のコミュニティを論じることを課題とした。そして、この意味での法則のなかでかれが基本法則として挙げたのが「社会性と個性とは同一歩調で発達するものである」[16]という法則であった。

前節で述べたように、個性と社会性とはパーソナリティを構成する基本要素であった。従って、コミュニティの発達がこの基本法則に従うということは、パーソナリティの発達とコミュニティの発達とが重なることを意味する。かくして、「パーソナリティが最大限に存在するところでは個性は最も進歩するであろうし、人々の社会的諸関係もまた最も広汎にかつ最も深く」[17]なることになる。つまり、パーソナリティの発達が低い段階である場合には、たとえば種族等を基にしたコミュニティしか成立しないが、人々が市民意識をもちはじめ、生活が複雑化し、これを十分に受容できるだけの社会性が発達すると国民社会が成立し、さらに将来的には世界社会すらも展望できるようになるということである。

コミュニティの基本的性格は以上のようであるが、コミュニティそのものは様々な社会現象、とくに次節で取り上げるアソシエーション(結社)の母体としての位置を占めていることである。マッキーヴァーの考えでは、コミュニティは自らを支えるために、たえずアソシエーションをつくり出すと理解される。従って、それぞれの時代のコミュニティに応じたアソシエーションがつくり出されることになる。通常は、時代が新しくなるにつれてコミュニティの発達がみられるところから、より多くのアソシエーションが存在することになる。現代でいえば、政治的、経済的、宗教的、教育的、科学的、文芸的、娯楽的、博愛的、専門的な各種のアソシエーションが無数にあるものとして理解されている。コミュニティはこのようにアソシエーションを通して共同社会の目的を追求するのであるが、コミュニティは最大のアソシエーションよりも広く自由で、どのアソシエーションでも完全には充足されない共同生活であるという[18]。

このように、かれのコミュニティ論はいわば基盤社会(あるいは基礎社会)論といってもよいものであった。右の内容は『コミュニティ』によるものであるが、ここでの領域と共同生活という集団の性格に関する部分は、かれの後の著作、たとえば『社会』において、経験科学概念として整理され、地域性と地域社会感情がコミュニティ成立のための二条件とされている[19]。これが地域社会論としてのコミュニティ論に大きな影響を与え、この分野の創始者的な地位をマッキーヴァーが与えられていることは周知のことである。

他方、かれのコミュニティ論が強く思想性をもっていたこともまた事実である。かれ自身が述べているように、コミュニティは人間社会の多様な法則性のなかでかれがもっとも基本的なものであるとした法則をベースとした理論のなかで展開された。ここには明らかに独自の社会哲学がみられるし、この社会哲学のなかに問題点を指摘することは困難ではない[20]。

しかしながら、日常人としての人間が基本であることをふまえながら、社会の進歩が検討されるとき、個性と社会性の調和ある発展にその解答を求める考え方は、たしかに一見、常識的であるにもかかわらず、限定された価値観や社会観に基づいて理論展開がなされがちな政治思想の歴史を思うとき、マッキーヴァーの考え方は、むしろ注目に価する思想であったといえるかもしれない。なぜなら、かれの理論には、個人の内部における統一性と調和、個人と社会の調和、社会における発展と調和がどうあるべきかが主張されており、この種のことが、遠い将来やユートピアのなかにではなく、日常的な民衆の現実の生活のなかで実現可能なものとして展望されようとしているからである。この意味では、かれは、むしろ、稀な社会思想家であり、政治思想家であったともいえるからである。

それはともかく、ではコミュニティと政治との関連はどのように理解されていたのであろうか。

そのひとつはコミュニティが政治そのものを根拠づける照準枠となっていたことである。かれの政治に関する理論のたて方には社会学者としての特色がみられる。すなわち、結社、政府、技術と統治に関する議論にみられるように、かれは社会的なものと政治的なものに本質的な相違を認めていない。たとえば、政府に関していえば、もっとも単純な社会である家庭においてすら政府が存在しうるとかれはいっている。従って、政治的なものの存在理由が問われることになるが、かれはそれをコミュニティ枠に求めているように思われる。すなわち、政府についていえば、それぞれの時代のもっとも統一性と包括性をもつコミュニティ(基盤社会)の全体の調整や規制を担うのが政治的政府であると考えることで、政治の所在がコミュニティにあることを示そうとしている[21]。

第二はコミュニティを基盤社会あるいは基礎社会と理解した場合の理論的可能性に関してである。このように理解されるコミュニティは、様々な社会現象の母体として位置づけられ、各社会領域の相互関係を確認できる場として位置づけることができるだけでなく、より大きな新たなコミュニティと従来のコミュニティとの関係などを視点としておくことによって、国際政治をはじめとした様々な政治現象分析と理論展望に役立つ。この意味で基礎社会論としてのコミュニティは現代政治分析の手段としてもっと注目されてよいように思われる。

第三はコミュニティと国家に関してである。マッキーヴァーが強調したことのひとつはコミュニティと国家の本質的な相違であった。コミュニティは社会的相互関係であり、そこに共同生活がみられるとき成立した。それは程度の問題であり、国境を越えた人々の結びつきの可能性を常にもつ。これに対し、国家は相互に排他的であり「一国の始まりが他国の終りである」[22]という性質のものである。また、国家は部分社会であるのに対し、コミュニティは国家がその一部であるような共同社会である。多元的国家論者に共通のこの考え方が基本になり、次節で述べるような国家論が展開されることになった。

第四はコミュニティと有機体的社会観に関してである。マッキーヴァーはH・スペンサー等の社会論のうちに社会有機体説あるいは国家有機体説が主張されていると考えた。かれはこのような有機体論的考え方でコミュニティをみるのは間違いだとする。それによれば、第一に、有機体は単一中心、全体目的を有しているのに対し、コミュニティは多数の生命から構成され、そこにおける個人は自律性をもっていること、第二に有機体はその構成要素である器官が目的や意志をもたないのに対し、コミュニティでは構成要素である個人の意志こそが全体の意志に大きく影響すること、第三に有機体は閉じた体系であるのに対し、コミュニティは固定した境界をもたないことにあるとしている[23]。政治学において、社会有機体説の考え方は時折現われるのであるが、リベラル・デモクラシーの立場からするこの種の理論への反論は注目してよい。なぜなら、政治理論の展開にあたって、政治社会のどの部分を取り上げるにしろ、全体を強調する理論はしばしば個人や自由の価値を軽視する傾向があり、この点、マッキーヴァーはコミュニティという ある種の全体性に着目し、そこにかれの社会政治理論の主要な論点を求めながらも、しかも、リベラルな立場を保持しているからである。

第五は政治がコミュニティの要請するものを充足するためにあるという機能主義的考え方がみられることである。たとえば、そのことは、国家や政府がコミュニティ内の結社間の調整や秩序の維持を機能要件としているところなどにみることができる[24]。ただし、この場合の機能主義は、システムズアプローチが提唱しているような政治と社会の境界を前提としたいわゆる権威的配分論ではない。システムズアプローチの代表者の一人D・イーストンの政治理論では価値の権威的配分として現われる政策等アウトプットが重要な課題であった[25]。これに対し、マッキーヴァーにおいては、秩序や規制といったいわば政治体系内の諸現象そのものもまたコミュニティにおける機能のひとつなのである。また、マッキーヴァー理論にあっても、政策は国家や政府の機能という形で重要な領域のひとつとして論じられてはいる[26]。しかしながら、政策として現われる機能の問題に関する理論的検討はなされているとはいえず、そこにかれの理論の時代的限界をみることもできよう。

その種の問題点をもちながらも、秩序や規制など国家や政府によって行われる行動が、コミュニティにおいて常に必要とされる機能の重要な一部であると理解された場合、政治認識にあたって興味ある視点となりうるのではないかと思われる。すなわち、秩序等の権力に関する機能がコミュニティ内の一機能として位置づけられることにより、とりあえず、他の諸機能とともにコミュニティ内の諸機能のあり方を検討してみるという態度をもたらすであろう。つまり、政治がどのような状況にあるかや政治のあり方などが問題になる場合、コミュニティ内の経済、文化など他の諸機能を考慮に入れた上でコミュニティ全体の問題として政治を捉えるという基本姿勢が常に要請されることになるであろう。

第四節　アソシエーション論

コミュニティ論と密接に関連しながら、その対概念として論じられているのがアソシエーションである。マッキーヴァーによればアソシエーションとは「社会的存在がある共同の関心(利害)または諸関心を追求するための組織体(あるいは〈組織される〉社会的存在の一団)[27]である。」このように定義づけられるアソシエーションとは何であり、それが政治とどのような関連をもっていたかについて言及したい。

マッキーヴァーによれば、アソシエーションの形成は人間が本来的にもつ関心に起因する。かれによれば、社会活動の源泉としての関心には包括的な関心である共同関心と個別的充足を追い求める分立的関心があるとされ、後者のなかの補充的であり、協働的である関心が共同関心に転化し、この種の関心に基づいて人々が集団を結成するときアソシエーションが成立するという。

初期形態のコミュニティの段階ではその種の集団は現われにくい。しかし、人々の交流が拡大し、より大きなコミュニティが現われる段階になると、それぞれの規模と内容のコミュニティに応じた結社が形成されるようになるという。なぜなら、その段階になると、知識の増大と視野の拡大により、人々の個性と社会性が発達し、より多くのより多様な集団が形成される可能性が増大するからである。かくして、新しいより規模の大きいコミュニティの成立と発達に応じて、アソシエーションの数とバライエティも多くなることになる。マッキーヴァーの立場からみれば、先にみたように、このことは人々がコミュニティの価値を理解し、コミュニティの発達を促進するため、コミュニティがアソシエーションを創出する行為として理解されるのである。

かくして創設されたアソシエーションは大きくは三つに分類される。ひとつはコミュニティの諸関心の複合的全体に関係するアソシエーションであり、第二は階級などのように関心の複合によって結合が保たれるが、コミュニティの主体ではなく、その一部を構成している集団に関係するアソシエーションであり、第三は特定の興味をもとに結成され、その関心の特殊性のゆえに成立する各種のアソシエーションである。たとえば、これには政治的関心、経済的関心、および芸術、哲学などの心的関心に基づくアソシエーションが考えあれる。

アソシエーションと政治の関連は今述べてきたことと関係している。

第一はアソシエーションとしての政治の現われ方である。この意味でいえば、政治は今述べてきた三つの種類すべてと関係する。第一のものとの関連ではコミュニティが問題になるが、現代社会でいえば、国民社会というコミュニティに対しては国家が、より小規模のコミュニティに対しては郡区等がそれにあたる。第二の関心は階級や階層であるが、これら自体はアソシエーションではない。階級や階層はアソシエーションを通して目的を追求するとみなされる。第三の場合は、国家とは別に、政策の実現を求めて結成される圧力団体等がその内容と考えられる。[28]

第二は各種アソシエーションのコミュニティ内における位置についてである。マッキーヴァーのアソシエーション論の核心は、アソシエーションがすべてその創成の本質において同一であるということであった。今述べてきた三つの分類も単なる分類であって上下の段階を意味しない。すべてのアソシエーションはコミュニティ内の部分社会、機能集団であり、コミュニティとの本質的関係は同等であるということである。多集団社会が出現した現代社会にあって、集団をどのように位置づけるかは議論のあるところであるが、社会学的観点からみるこのような理解は一応は留意してかかる必要があろう。

第三は人々の行動を集団に集約させることにより、集団論を重視した政治理論への道を開いたことである。この点は古典型の政治理論家達と同じく個人の自由の重要性を主張しながらも、かれらとは大いに異なる。産業社会が発達し、多集団社会が現われると同時に巨大社会、巨大国家の出現によって中央の統治機構と一般の民衆との距離が拡大しがちな時代において、個人の自由が真にその意味するところを実現されるために何が必要とされるかをみるとき、集団を通した自由の発現という考え方がでてくるのは不思議はない。マッキーヴァーが活躍した時代あたりからその種の理論が活発に展開されるようになったのであるが、かれの理論はこのような時代を反映したものであった。

第四は国家に関してである。マッキーヴァーにとって国家はアソシエーションの一種であった。すべてのアソシエーションはコミュニティとの関係において同一であるのだから、国家に特殊な位置を与えることはできない。国家は確かに他のアソシエーション以上にコミュニティ全体に密接に関係するが、それはあくまで国家のもつ機能のゆえである。このように国家を機能主義的に捉えることによって、かれは権力論的国家論を排し、かれの一時代前に支配的であった、国家一元論への対抗理論として自己の理論を展開したのである。これの思想史的意味は改めて述べるまでもなかろう。

第五は国家の機能の内容と限界についてである。マッキーヴァーにとって、国家とは「人々の間に承認された権利義務の根本体系の維持と発展に、中枢機関ないし政府が当るように組織された特定の人々の一団」[29]であった。従って、国家は社会秩序の維持発展のための基礎的なアソシエーションとみなされるのであるが、国家がそのようであるのはその背後にコミュニティの結集した力があるからであるとされる。つまり、人々が国家の法に服従するのは人々がそれを政治的義務であると考えるからであるが、同時にそれをさせるのは政治的権利が存在するからである。そして、このような考え方を人々にさせるのは法や政府を超えたところにコミュニティの共同意志があり、共同の目的つまり、社会的善の達成という目的が成立しているからであると考えるのである。

かくして、国家はこの共同目的を達成しようとする限りで統制力を付与されるし、国家としての他の諸機能を果すことができるのであるが、国家の行動はあくまで人間の外部的行動の履行を強制できるだけであるとされている[30]。すなわち、人々のために生活がよく行なわれるうえに必要な外的社会諸条件をつくることにあって、人々の内的動機を直接に統御してはならないと考えられている。

これらはリベラリズムに共通の考え方であるが、マッキーヴァーの場合は、それをコミュニティ論と結びつけたところに特徴がある。そのことは「国家がコミュニティと等価ではなく、政治的アソシエーションは人間の全生活を包含しないし統制も出来ない」[31]と述べたことのうちに明瞭に示されている。

第五節　基礎社会の構造

マッキーヴァー理論における政治と社会の関係についての一般的な理論としてはいままで述べてきたものに限定し

たとしても大きな間違いはないであろう。しかしながら、現代社会における政治と社会がどのように理解されるべきであり、かれの理論がその意味でどのようなものであったかというわれわれの関心からすれば、右の議論だけでは十分とは思われない。マッキーヴァー自身は第二次世界大戦後も活躍した人物であるとはいえ、かれの理論の基本的なものは二〇世紀初頭にほぼ確立していた。そのために、その時代の問題意識がかれ自身の問題意識を制約していたし、理論を展開するにあたっても様々な影響を与えていたことも否めない。そこで、これまで検討してきたもの以外の部分での政治と社会に関する理解がどのようであったかをわれわれなりに整理してみたい。

そのひとつはいわば社会的基礎条件といったものに関するものと政治との関連である。ここに社会的基礎条件というのは、産業構造、科学技術、人口等、ウェーバー的意味の社会的行為とは異なる、社会の基本的な構造性をもつ変動要因である。マッキーヴァーはこの種のことを理論的に十分に展開しているとは思えない。しかし、かれの考え方のなかにその種のものがいくらかあったことも確かである。かれは『政府論』のなかで社会的基礎という用語[32]を使用しているし、『社会』において、社会変動の前提条件ということで、物理的環境、生物学的条件、技術、文化を挙げている。これらは社会における基礎条件というよりは、むしろ社会に影響するあらゆる種類の要因とも考えられる。かれの著作の大部分は、政治に影響を与えるあらゆる要因が選択されているという感じがあることが否定できないが、『政府論』では社会的基礎条件のひとつとしての技術に関する見解が提示され、それに基づいた政治論が展開されているが、他方で、同書での技術概念は神話と並ぶより広い概念として使用されており、社会の基礎条件論的理解と分析とが十分になされているようには思われない[33]。そこに経験科学としての不徹底さがみられることは否定できず、この部分をどのようにうけとめるかがかれの理論を現代政治分析に利用する場合の課題のひとつであろう。

第二は社会行為領域に関してである。マッキーヴァーのこの点での理解は多要因説にたっている。すなわち、経済要因、文化要因、さらには福祉要因すらも政治の変動要因となりうると考えられている。このような考え方からすれば、マルクス主義学説にみられる経済要因決定説に反対するのは当然であったし、かれの活躍した時代の有力な理論がマルクス主義にたったものであったことから、かれの著作がこの学説をとくに批判する形で展開されたことも不思議ではない[34]。ただ、もし問題点があるとすれば、経済、福祉、文化という言葉に総括されるそれぞれの要因が十分な考量をされたうえで展開されていたかどうかであろう。

いずれにしろ、社会的基礎条件面であれ、社会行為領域においてであれ、かれがいましめたのは社会的因果関係の単純化を避けようということである。経験科学者としての実績をもつマッキーヴァーにとって、この主張は当然のことであるとはいえ、問題は各種要因の重要度をどのように評価するかである。現在、政治学では、アメリカ政治学を中心に政治社会学的手法が流行で、社会的基礎条件の一部を原因として設定し、それの政治への影響を数量化して論じる政治学が主流を占めている観があるが[35]、マッキーヴァーの理論は時代的制約およびかれ自身の価値観に基づくバイアスがあったため十分に展開されているとはいいがたいが、この種の問題意識の先駆者としての位置を占めていたと考えることもできよう。

第六節　おわりに

マッキーヴァー政治理論が展開される場合に社会がどのように理解され、そのことがどのように政治理論に影響してきたかをみてきた。理解できたことは、かれの政治認識はかれの社会理論が基礎となっていたということであった。社会理論のキー概念となっているのがコミュニティとパーソナリティであったのである。

この二つの概念を軸にした社会理論は経験科学としての側面と社会思想、社会哲学としての側面を本来的にもっていた。このため、経験科学的研究としての弱点を内包し、二つの概念の強調からなるある種のバイアスとそのことによる論点の弱さがあったことは否定できない。

しかしながら、そのような特質をもつことからくる社会理論の政治認識上のメリットも十分にみられた。政治を日常人にまで戻って考えてみること、基礎社会としてのコミュニティのなかの一社会現象として位置づけそのなかで政治の意味を考えてみること等はその最大のものであり、通常の多元的国家論としてのマッキーヴァー理論の評価以外の重要な事柄であるように思われる。パーソナリティ論にしろ、コミュニティ論にしろ、かれの理論はそれぞれに問題性を含んでいるし、特定概念や視点の過度な強調は多くの問題点を引起す可能性を否定できないが、政治認識にあたってこの種の視点の有用性も評価されてよい。

われわれはマッキーヴァーの政治、社会理論をわれわれのいう理念論型政治理論の一種であると考えるし、その型の理論の現代社会における代表的な理論のひとつであると考えている。この意味でいえば、かれの理論は現代の社会と政治を認識するためのひとつのパターンを示しており、この種の基本視点が選択された場合に政治プロパーの領域がどのようになるかをこれまでの諸章で検討してきたということである。

注

1 たとえば、H・ラスキと比較したとき、マッキーヴァーの理論的安定性は顕著なものがある。ラスキの理論的変遷については多くの人が指摘しているが、たとえば、H・ラスキ（横越英一訳）『政治学大綱、下巻』、法政大学出版局、一九六八年の訳者解説に手際よく要約されている。

2 拙稿「政治の契機」（『高千穂論叢』第二三巻第一号）。

3 たとえば、先の横越英一氏の解説をみよ。

4 原田鋼『新版 西洋政治思想史』、有斐閣、一九八三年、二三七頁。

5 R・M・マッキーヴァー（中久郎・松本通晴監訳）『コミュニティ』、ミネルヴァ書房、一九七五年、九三頁。なお、原著 R. M. MacIver, Community, Macmillan and Company, Limited, 1920 も参照したが以下についても翻訳を利用することとし、原著の頁数はとくに書かない。

6 同書、二四四頁。

7 同書、二四二頁。

8・9・10 同書、二四三頁。

11 同書の第三章を参照。

12 R. M. MacIver, The Modern State, Oxford University Press, 1926, p. 11, p.156.

13 前掲『コミュニティ』二三一頁。

14 Op. cit., The Modern State, p.11.

15 前掲『コミュニティ』、四六頁。

16 同書、二四三頁。

17 同書、二四八頁。

18 同書、第二章。

19 R. M. MacIver, and C. H. Page, Society, Macmillan, 1967, p. 9.

20 このことについては、拙稿「R・M・マッキーヴァーの民主政治論」（『高千穂論叢』第一〇巻第一号）で分析した。

21 R・M・マッキーヴァー（秋永肇訳）『政府論』勁草書房、一九六〇年、第二章。

22 前掲『コミュニティ』五二頁。

23 同書、九七～一〇〇頁。

24 同書、六八頁(op. cit., The Modern State, p. 22.)。
25 D. Easton, The Political System, Alfred, A. Knopf, Inc, 1967.
26 このことは国家の機能・政府の機能という形で、先の『近代国家論』と『政府論』にそれぞれ一章ずつおかれていることからも明らかである。しかし、かれの政治理論のなかでの機能の理論的考察と位置づけが行なわれているかは疑問である。
27 前掲『コミュニティ』、四六頁。
28 同書、一二八〜一四一頁。
29 同書、五五頁。
30 同書、五六頁。
31 同書、五七頁。
32 前掲『政府論』、三三九頁。
33・34 同書、第一〇頁。
35 アメリカ政治学会の学会誌の現況をみれば、このことは容易に理解されるところである。

第七章　社会理論

第一節　はじめに

R・M・マッキーヴァーの政治理論はかれの社会理論が重要なベースをなしている。多元的国家論者と呼ばれた人達は国家の前提に基礎社会(community)を念頭においていたと考えられるのであるけれども、マッキーヴァーはそのなかでもとりわけ社会理論のもつ比重が高かった。これはかれ自身が社会学者として出発し、その後も社会学界における重鎮として活躍したことにもよるのであろう

ところで、われわれはマッキーヴァーを現代古典政治理論家の一人として数えてよいのではないかと述べた[1]。ここでいう現代とは、近代と対照的に使用される時代という意味であり、大衆が社会の基本的な担い手として登場し、大衆の意識、行動、意向を無視しては社会や政治を認識し、理解することは難しくなった時代に入ったということである。そして、このことを前提にした社会・政治論を試みた初期の時代の理論家のひとりとしてマッキーヴァーを位

置づけてみたのであった。

現代古典政治理論であることのもうひとつの特質はなんらかの実証性を要求されるということである。それ以前の社会理論が、当為論あるいは規範理論としてのみ展開されたとしても、むしろ当然のこととして受け入れられていたのに対し、社会学、心理学が成立し、政治学の世界においても、A・ベントレーによる規範政治学批判が現われる時代にあって、当為論を主張するだけでは説得力をもちえない時代が到来しつつあった。このようななかにあって、社会学の理論を基礎に社会認識を行ない、それをベースに政治理論と政治論を展開したのがマッキーヴァーであったのである。

社会学においてはすでに一九世紀にはこの学問の定礎者と呼ばれる人達が数多く誕生していた。これらの人達のなかには政治学の歴史に足跡を残した人も少なからずいた。しかしながら、それらの人達の政治に関する論説はむしろ、かれらがいわば社会科学者と呼ばれた方が適切で、社会科学論の一部としての政治をとり扱った成果といったものであった。マッキーヴァーの場合、それらの人達に比べ、時代がいくらか新しく、その意味では社会科学の個別科学への分化が明確になりつつあった時代の理論家であった。このようななかで、かれは社会学と政治学の両領域で注目すべき業績をあげたのであった。

本章の試みは、かれの社会理論がどのようなものであり、それがかれの政治理論とどのような関連をもっていたかを確認しようとするところにある。このような試みを行うのは、これまでの諸章で論じてきたマッキーヴァー研究の未確認領域の研究という意味があることはもちろんであるが、同時に、かれの政治・社会理論の全体像を知るためには不可欠のことだと考えるからである。さらにいえば、われわれ自身が興味をもっている現代政治分析のための枠組づくりを考える手がかりとして、かれの理論は興味深い材料を提供していると思うからでもある。

本章では、かれの社会理論に関する基本的考え方が表明されていると思われる『コミュニティ』、『社会』、『社会的因果関係論』、を取り上げ、それぞれの著書に展開されている、社会像、法則観、科学観、進歩に関する考え方を探るとともに、これらのかれの政治理論への意味あいについて考えてみたい。

第二節　『コミュニティ』

マッキーヴァーは『コミュニティ』の序文において、コミュニティの研究を包括的な科学の成立を目指したものであったとしている。かれがこの本を書いたとき、かれは社会学を総合科学的なものと考えていたようである。すなわち、政治学、経済学等が特定のアソシエーションに関連する現象を研究する特殊個別社会科学であるのに対し、社会学は包括的な社会科学であり、その理由を、社会には特殊諸研究に包摂しきれない研究対象があり、これがコミュニティに関する現象であると考えていたようである。従って、かれは、この時期、社会学を社会科学そのものあるいは全社会科学の基本を取り扱う学問であると考えていたようでもある。しかしながら、本書での研究対象、またその後の研究書の対象が、たとえば、K・マルクスやM・ヴェーバーと比較したとき、明らかに狭い範域のものであり、社会科学というよりは、社会学および政治学に関する研究であったことは客観的にみて間違いない。ただし、社会学や政治学としてみた場合に、現代の社会学や政治学よりもはるかに広範な関心と観点とを含んでおり、この点は注意してかかる必要はある。

それはともかく、この著書の構成をみると、第一部では、社会的事実と社会法則、コミュニティとアソシエーションおよびアソシエーションの一種としての国家、社会学と特殊社会諸科学および倫理学や心理学との関係が、第二部のコミュニティの分析においては、コミュニティと、コミュニティと類似なものとの考えられがちである社会有機体などとの相違、コミュニティの諸要素、コミュニティ内におけるアソシエーション等の構造的関係、制度の位置づけが、第三部では、コミュニティの発達の概念と発達の種類および発達に関連する諸問題が論じられている。

この構成と内容からも分かるように、この著書はコミュニティを主題にして、これに関連する全般にわたる社会現象を位置づけ、論じた研究書であったのである。そうであるとはいえ、当然のことながら、そのなかでも重要な論点が提起されていた。

ひとつはコミュニティに関する学問である社会学の対象に関するものである。先に述べたように、マッキーヴァーはコミュニティに関する学問を社会学であるとし、内容的には、他の社会諸科学がコミュニティの特定領域に関する科学であるのに対し、包括性に特性があるとした[2]。かれによると、人間に関する学問のなかで包括性を有する学問は他に倫理学と心理学があるのみである。

このうち、倫理学は、マッキーヴァーによれば、人間の最高善とは何かを第一義的に扱う学問であったという。倫理学は確かに倫理学的義務の基盤等を問うのであるが、これらは基本的に副次的な課題にすぎず、善悪などの当為の問題こそが倫理学の課題であったとする。そしてこの種の課題は科学的手続きの範囲、検証、帰納、現実性を超えた問題に関係しており、それゆえ倫理学は科学ではないとされたのである。このようにいうことは、社会学者が価値に無関心であってよいということを意味しない。かれは、社会学者は価値に関連する社会的条件にむしろ強い関心をもつべきであるという。ただ、重要なことは、主観的評価と客観的事実を明確に区別すべきであるということであり、社会学が価値としての事実に関係があるのに対し、倫理学は事実としての価値に関係していることを認識する必要があるということである[3]。

心理学についていえば、この学問は行為に関するもののうち、心の活動に関する学問であり、主観そのものの客体化、客体化された人間の心の研究にあるという。これに対し、社会学を含む他の諸科学は心が対象とする世界の研究にあるとする。この意味の対象の世界には、単に物質的な対象のみならず、われわれの観念や想像、心的構成、制度や社会形態も含まれるのである。

これらの心の対象の世界のうち、社会学が第一義的に対象とするものは相互に意志された関係に入るかあるいはこれを維持しようとする生活であるし、第二義的には第一義的なものがもたらす諸結果としての生活であるという。この場合、意志するとは「生あるものの自己決定的な活動」[4]、のことであるとされる。従って、人々の間で相互依存の活動を伴う関係がみられるとき社会的関係が成立し、この種の関係とそれらに関連する現象が社会学が研究対象とする社会的事実であるということになる。

マッキーヴァーによれば、このような社会的事実には類型としては二つある。ひとつは諸意志の実際の相互関係である固有の社会関係であり、これはさらに三つに区別できるという。ひとつは諸個人の類似性に基づいて形成される集団であり、共同的集団と結社的集団に分れ、コミュニティとアソシエーションというかれの社会学のキー概念に結びつくものであった。二つ目は個人間に相違があることに由来するもので、基本的には敵対の関係つまり相違の葛藤と、互酬の関係つまり相違の調和のふたつから成るとされる。三つ目は人々の類似と相違が結びついた形で現われる社会関係である。つまり、類似あるいは相違のいずれかの原因のみには帰させることの困難な複合的な合成現象の存在である。

これらの社会関係にはそれぞれに対応した社会制度が成立しているとする。すなわち、もうひとつの主要な社会的事実である社会制度は、マッキーヴァーによれば、意志の相互関係そのものではなくて、人々が社会関係に入るさいに確定した形態のことであり、社会関係の条件や結果なのである。この種のものとしてかれは、法、法典、統治形態、カースト制度等を挙げているのである[5]。

第二の論点は社会法則に関するものである。マッキーヴァーは、生物界、無生物界、社会のいずれの世界においても法則が存在すると考えていた。従って、どの世界においても、本質的にカオスはなく、カオスと考えられているものは知識の未熟のせいであり、知識の成長と研究の発展とともに法則が発見され、事物の相互連関が解明されうるというのである。ただ、法則とはいっても、事物には種類の相違があり、この種類の相違がそれぞれに異なった種類の法則として作用しているという。従って、社会における法則は物理学や化学などの自然界における法則とは異なると主張されたのである。

事物の種類が異なれば法則も異なるというのであるから、社会的事物がどのように認識されているかが問題となろうが、マッキーヴァーによれば、社会的存在体は物理的存在であり、有機的存在であり、心的存在であるとする。従って、社会的存在は物理的法則、有機的法則、心的法則の拘束のもとにあることになるが、重要なことは社会的存在は物的存在自体とは異なって、生活体の法則が働き、物的存在よりはるかに複雑で、鉄則が存在しないということにあるとする。この原因はすべての生命法則が「何らかの仕方で生活存在の意志の法則」[6]であるからであり、生命が高等であればあるほど自律性を増すからであるという。

マッキーヴァーには事物の性質と法則について序列的な位置づけがあったようである。事物は物質的なものから人間的なもの、そして社会的なものになるにつれて複雑になるし、法則の性質は自律性が高くなる。かくして、人が意識的な生活を行ない、目的意志に応じた生活のレベルが高くなるほど自然の拘束から解放され、物理的法則に対する主人となり、有機的法則を人々の召使いとすることが可能となる。人間は、肉体的存在であるという性質上、物的、有機的性質を完全に免れることはできないが、ある社会目的のもとにそれを統制することは可能である。つまり、この「目的論的法則こそが、本来の社会法則なのである」[7]。ここでは「社会の過程において、人生のあらゆる物理的・有機的要因が単なる構造や機能を超えて価値のうちに変容される」[8]のであり、「究極的な社会法則とは生活存在の諸目的と、それらの諸条件および諸結果の相互関係を現わす法則である」[9]と考えられたのである。

以上から理解できることは、この著書においては、研究対象である社会が発展するものであること、その発展は目的や理念に関連づけられること、社会法則は自然法則と異なって目的連関性をもつことが主張されていたことである。つまり、研究対象と法則が相関関係のうちに捉えられていたということである。この本が課題とした研究対象はコミュニティであった。従って、コミュニティの性質が法則観と関連づけられることになった。

かれが本書のなかで再三再四強調していることはコミュニティが有機体とは異なるということであった。コミュニティとは「共同生活の相互行為を十分に保証するような共同関心が、その成員によって認められている社会的統一体」[10]であり、村、町、地方、国等、共同生活のいずれかの領域をもち、社会的存在の共同生活の焦点である。従って、コミュニティは共同生活の程度の強さ如何に応じて大小様々な規模を形成する社会集団なのであるが、社会有機体説が有機体の宿命である生命曲線、つまり出生、成長、死による消滅という法則観に基づいて社会をみる傾向があるのに対し、マッキーヴァーは、コミュニティは有機体とは全く別の種類のものであるから、生命曲線的なものとは無縁のものであると主張する。すなわち、先のような性格をもつコミュニティは誕生するものではなく、従って死滅もなく、生きとし生けるものが各世代を通じて合体として結びあわされていて、世代から世代へとつながる連鎖のなかに本質があり、そのような形で常に存続しているものであると主張されたのである[11]。

コミュニティは必ずしも不滅のものではないが、各世代がそれぞれ自分で獲得したものを伝承していく限り、経験、知識、力の面で成長していくというのがマッキーヴァーの考え方であった。この成長に結びつく社会法則の要素であり指標となったのが、パーソナリティの概念であり、その構成要素としての個性と社会性であった。

かれはコミュニティの全法則のなかで最初にして最大の法則として「社会性と個性は同一歩調で発達するものである」[12]を挙げている。さらに、この法則を説明する命題として「パーソナリティが、各自にそしてすべての者に、発達するにつれ、個性と社会性の二重の発達を示す」[13]と述べている。その他のあらゆる法則はこの法則の単なる系ないしは意味連関にすぎないとしているのであるから、この法則の意味の重要性がわかろう。自律性の向上を意味する個性化と社会関係の複雑化、広範囲化を意味する社会化に帰着する個性と社会性とはパーソナリティを構成するものであるが、社会的発達がパーソナリティの発達の結果であり、諸機構や諸制度の発達もパーソナリティの手段であるものの発達であると理解されることによって、ここにパーソナリティの発達が社会の発達とほとんど同時進行で現象するものとして認識されたのである。かくして、「社会性と個性は、諸個人とコミュニティの縦系と横系」[14]であると考えられたのである。かれは、第二の法則としてコミュニティの経済の成長、第三の法則として環境の制御の成長を挙げているけれども、これらも含めて、他のすべての社会法則は第一法則の支配のもとにあるのであって、その基本にあったことはコミュニティの発達はパーソナリティの成長如何にかかっているということであったのである。

第三の論点は研究対象あるいは社会理論枠に関するものである。この点に関してはかれの社会法則論が研究対象絡みで展開されていたために、社会法則を論じる過程で研究対象に触れざるを得ず、すでにその主要部分については言及してきた。すなわち、コミュニティ、アソシエーション、制度、パーソナリティ、個性、社会性等がそれらであるが、さらにいくらか指摘しておくと次のようなことがある。

一つは社会を構成するのは社会的個人であるということである。この極めて単純かつ明白な真理を確認すると同時に、ここで、個人と社会とは本来的に調和するものであることが主張されているのである。

二つ目はコミュニティの位置づけである。コミュニティは、先のように、地域をベースとして、共同関心に基づいて成立する社会的統一体であった。コミュニティは社会的個人が誕生し、成長し、生活する母体であると同時にあらゆる目的集団が成立する母体として位置づけられた。従って、かれの社会理論はコミュニティなしには成りたたないことになる。従って、コミュニティは基礎社会とか基盤社会とか呼んだ方がよいと思われるのである。コミュニティは重層的に共存しうるものであるが、そのなかでも最大規模のコミュニティは社会理論上重要な意味をもっている。

社会有機体説との相違を強く主張し、国家とコミュニティの相違を再三指摘しているように、最大規模のコミュニティはその他のコミュニティとは比較にならない程の重要性を与えられていたと考えてよい。最大規模のコミュニティは時代の進展、あるいはより適切には、パーソナリティの成長とともに変化するものであるが、現代でいえば、最大規模のコミュニティである国民社会の位置と考察はマッキーヴァーの最大の関心事であったことは疑いない。逆にいえば、国家絡みの国民社会を基礎枠とした現代社会分析と、現代社会に至る過程の各時代の最大規模コミュニティ絡みの歴史分析がこの著書では試みられていたと考えられるのである。

いずれにしろ、社会理解の基礎枠として最大規模のコミュニティがあり、ここにどのような要請や関心があるかということが三つ目の社会理論枠のテーマとして挙げられよう。これは、この著作においては、起因としての分立的関心とこれの共同的関心への転化に関する事柄であって、この種の関心に基づいて成立するアソシエーションとそれぞれの部分社会ないしは部分研究領域としての政治、経済などの分野の研究課題として位置づけられたのである。マッキーヴァーが同書を書いた時代、理想主義政治哲学との理論的対立があったという背景もあって、政治領域のアソシエーションである国家の問題に非常にこだわった議論が展開されているのであるけれども、純粋に社会理論上の問題としてみた場合には、それぞれのコミュニティにはそれぞれの関心に応じたアソシエーションの成立がみられたということであり、たまたま現代の最大規模のコミュニティである国民社会における政治アソシエーションのうち重要な位置を占めるという意味で国家を取り上げているにすぎないということになる。

四つ目はいうまでもなくコミュニティとパーソナリティの関係である。これについてはすでに指摘したので詳細は省くが、コミュニティを含む社会を論じるときには常にパーソナリティ論の位置と意味づけを考量することを要請していることである。すなわち、社会理論のもっとも基底部分にコミュニティ論とパーソナリティ論および両者の関係があることが主張されていたということである。

第四の論点は本書の社会理論のなかに、単なる経験分析的な社会学理論にとどまらず、価値論に結びつく理論的特質が本来的に内包されていたことである。マッキーヴァーはコミュニティの研究は、本来、価値や目的に関係するものであるといっている[15]。われわれがコミュニティの研究をするとき、無数の価値を研究しているのであり、制度の善し悪し、発達段階の高低について評価を行わなければならないとする。価値判断の社会科学への導入は客観性の問題に入り込むことになるが、かれによれば、「あらゆる人々が追求し、したがって善ないし望ましいと認めている一定の普遍的目的がある限り、結局のところ人々の間には一般的な同意が存在する」という[16]。われわれはこの同意にたって論争するのであるから、これを前提にした社会的原因と結果についての研究と評価は可能であるというのがかれの立場であった。

第五の論点は本書のなかにたえず語られている第一義的なものの重視である。コミュニティとアソシエーション、共同関心と分立的関心、第一の社会法則と第二、第三法則の関係、調和と葛藤の関係など、二つないしは三つの、社会にしばしばみられる対立性をもった現象や契機が最終的にはそれぞれの前者に本質的重要性が与えられることによってかれのなかで解決されている。

　これらの論点の意味あいについては他の著書を検討した後、それらを含めて論じていきたい。

第三節　『社会』

　『社会』初版は一九三一年に出版されている。一九三七年には改訂版が出され、本章で取り上げているものは一九四九年に増補版として出版された共著本の一九六七年版である。C・ページとの共著であるこの本は索引まで加えると七〇〇頁に近い大著であり、この本の内容を細かく追うのはもちろん不可能である。ここでも、はじめに示しておいたテーマに限った事柄について検討を行なうことにする。『コミュニティ』の場合と同様、この本の社会像をイメージするために、同書の構成をまず確認することからはじめよう。

　マッキーヴァーは『社会』を社会学の研究であると位置づけ、社会の研究をすることにあるとし、社会関係についての研究こそが社会学に与えられたテーマであるとしている。では、具体的にどのような内容のものであったか。

　第一扁第一部の社会へのアプローチは、社会を形成する各種の要素や社会学の基本用語の説明、つまり、どのような内容の概念であるかが説明されている。社会学の基本ないしは主要用語として挙げられているのは社会、コミュニティ、アソシエーション、制度、習慣、習俗、しきたりであり、次の章では人間行動の動機づけとしての関心と態度が、もうひとつの章では個人と社会がテーマとされ、社会的個人としての人間が個性をもちながら社会生活をし、パーソナリティをもつ存在であると同時に、社会には協働と抗争の契機が常に存在していることが説明されている。

　第二部の社会と環境においては、人と社会が時間と空間の制約がある環境のなかの存在であることが説明されている。人間個人が遺伝による相続因子をもつと同時に環境による影響も受けるのと同様に、社会も社会的遺伝にあたるものと社会環境の変化の影響をうけるとされ、社会を理解するためには、基本的には、それまでに相続、維持してきたものを新しい変動を含む全体としての環境にどのように適応させてきたかという過程をみることが必要とされている。

第二篇社会構造、第一部の法典と慣習を支える諸力においては、しきたりや、社会をコントロールする手段としての規範や制裁が取り上げられている。その種の手段として、宗教、道徳、習慣、法律が挙げられ、これらと個人生活との関係が追究されたのである。

第二部では社会構造の主要形態ということで社会集団についての説明が行われている。初めの二つの章では、家族などの第一次集団と国家、大企業などの巨大結社が、次の二つの章では領域的集団としてのコミュニティと国民社会内における都市、地方(Country)、地域(Region)が取り上げられ、その次の三つの章では社会階級、人種グループ、群衆についての説明がなされ、さらに、次の数章で結社の意味と分類が行なわれるとともに、巨大結社として政治的結社、経済的結社、文化的結社が挙げられ、国家、企業、宗教団体等が検討され、最後にこれらの社会構造の構成要素を結合させ統合の役割を果たすものとしての制度や文化、文明が論じられたのであった。

第三篇は社会変動に関するものである。はじめに各種の変動についての考え方が検討された後、社会変動をもたらす主要要因として生物学的要因、技術変化がもたらす要因、文化要因が設定されるとともにこれらの要因の意味が追究された。そして、社会的進歩とは何かが社会進化との比較において検討され、原始社会の時代から文明社会の時代に至る社会変動を、発展とは何かという視点から結論づけることで終っている。

以上から理解できるように、『社会』は社会というもっとも広い範域の研究領域のほとんどすべてを取り扱った本であり、社会に関する概説書でもある。『コミュニティ』が社会のなかの重要な集群であるコミュニティに焦点をあわせ、それとの関連でアソシエーションや国家を専ら取り上げているのに対し、『社会』は社会を構成する各要素とそれらの相互関係の位置づけを試みたものであった。従って、社会学の研究対象領域が拡大したともうけとれるし、社会学の発達のなかで、コミュニティやアソシエーション等以外の社会諸要素と諸要因が認識され、それぞれがバランスよく包括的に位置づけられ、社会の全体像とそれぞれの要素、要因の位置づけがこの時点で確立されるに至ったと解釈することもできる。このような内容をもつ本書を前節と同様に論点を探っていくと次のようなことが考えられる。

第一の論点は社会の内容に関するものである。そのひとつは『コミュニティ』に比較して、社会学の研究対象ないし社会の内容の変化と豊富化である。すでに指摘したように、『社会』では社会学の対象は社会であった。『コミュニティ』では理論の中心概念であったコミュニティとアソシエーションの成立契機である関心論が起点となっていたが、『社会』においては、形成要因についての変化がみられる。すなわち、関心に加えて態度要因が大きな位置づけを占めている。態度はここでは関心と並んで人間の行動をもたらす動機づけのひとつであり、社会関係を成立させる要因として位置づけられているのである[17]。

内容の豊富化ということでいえば、本書がコミュニティ論ではなく社会論であることにも理由が求められるのかもしれないが、遺伝と環境、しきたりや道徳、慣習等の諸要因、人種や階級などへの着目などもその種のものとして指摘できるであろう。

二つ目に、社会理論上の内容の変化という点からみて重要なのは社会変動の基本要因として、物理的環境および生物学的要因、技術的要因、文化的要因が設定されたことであった[18]。『コミュニティ』も、社会を形成したり変動を促す要素として、社会的要因以外の要因の役割を否定していないことは前節での社会法則に関する箇所で指摘した。また『社会』においても、初めの方で、社会学の対象となる意識に影響を与える要因として生理的要因、精神神経的要因、生物学的要因が挙げられている。従って、本書において生物学的要因を挙げたことは、社会への影響度をどの程度にみるかという問題であるわけで、前書よりは生物学的要因をより強い影響力をもつものとして認識するに至ったということである。『コミュニティ』ではパーソナリティ論絡みで変動問題が取り上げられたのであるけれども、本書ではこれら三要因を設定したことで、他の社会科学者の変動論と同じ土俵にのったということができる。そして、われわれのいう社会的基礎条件に関する論議につながるものが本書において現れたということでもある。

第二の論点である社会法則についてであるが、『社会』でこれに関連するものが取り上げられているのが先の社会変動論である。本書における基本的な問題関心は社会の構造と変動にある。この視点はすでに前書でも構造と発達という形で展開されていたものであるが、本書ではより一般的に構造と変動という視点が確立されたといえる。そこでこれらと社会法則との関連である。

マッキーヴァーは、社会領域においては、どのような変更不可能な法則も求めることはできないとしている。従って、当然のことながら、この種の法則に基づいて長期的傾向の予測をしたり、未来に起こりうることを予断することについては懐疑的であった。この理由をかれは変数の多さと変数間関係の不確かさに求めている。社会関係を主な研究対象とする学問である社会学にはとくにこのことがあてはまると考えていたのであった[19]。この意味での社会学の特質としてかれの議論は一貫しているのであるが、別の意味で着目してよいのは、社会変動を促す要因として挙げたものである。

かれは社会変動が歴史過程において発生することに着目した。この過程において各種の要因が働くことになるが、その要因のうちの三つについて言及している。ひとつは自然的なものであり、生物学的要因が主なものである。二つ目は功利主義的なものとしてかれが名づけたもの、より端的にいえば技術要因であり、三つ目は文化的要因である。かれは変動一般をもたらすものとして現象の累積的発展、物事の盛衰、サイクルを挙げる[20]。これらの形態の変化が複雑に絡みながらそれぞれの要因における変化パターンが成立する。生物学的要因でいえば、人口学の対象分野でみられる人口の増減、技術的要因でいえば、機械の発達などである。これらがそれぞれの要因内の変動をもたらし、これとの関係のなかで社会関係も変化することになる。

かれの社会論は確かに社会における自然科学的法則を否定しているのであるが、自然的なもの、文明や文化の動きのなかに変動のパターンを見出すことによって、実は社会を論じるにあたっての因果関係的なもの、あるいは少なくとも傾向性の存在を事実上主張していたとみることができる。つまり、われわれのいう社会的基礎条件部分における歴史的動向論が事実上展開されていたということである。

他方、社会自体における進展の動向については、実質的にはこの種のものが主張されていたと考えてよいであろう。かれは社会進化に関する議論のなかで、原始社会を機能的に未分化な社会であるとし、これと対照的な社会として文明社会をおき、文明社会においては社会的コンタクトが広がり、哲学、文学、技術が発展するにつれ、社会的分化が進展し、コミュニティ規模も拡大し、種族的な境界を越え、やがては国民社会枠すらも拒否するようになると考えていたからである[21]。

第三の論点は価値に関するものである。マッキーヴァーは本書において社会学における価値や評価の問題を『コミュニティ』よりもより明確に論じている。社会学において評価の契機が不可避であることは同書においても論じられていたのであったが、本書では科学と価値判断の問題として論じられている。すなわち、科学は最終価値のいかなる命題も論証できないのであるが、価値判断の支えの下に立証される実際の証拠の正確さや適切さを確証する場合と、事実の表明を内容とする前提からの推論によって支えられる限りでの善悪に関する結論の確証性を立証できる場合には価値判断の契機が現れるとしている[22]。このことの意味は、この議論に続いて確認する形で述べられていることに集約されていると考えてよい。すなわち、①科学は研究目的や究極価値の確立に関心を注ぐのではなくて、目的と手段の間の関係に関心を注ぐものであること、②科学は「……である」ものに関心をもつのであって、「……であるべき」に関心を傾けてはならず、従って、事実と理想の混同を避ける必要があること、③社会科学は社会制度や社会組織に働いている評価を主題の一部として課題とするが、これらの社会制度や社会組織を調査する人々によるそれらへの評価を課題とするものではないこと、④社会科学はこれらの調査を行なうにあたって研究者によるバイアスがかかる危険を常に避ける必要があることである。

この議論がヴェーバーが展開した社会科学の認識の客観性論議に沿ったものであることはいうまでもない。ヴェーバーは認識価値と評価価値を峻別し、社会科学の認識の客観性を前者のうちにみた。この点でマッキーヴァーはヴェーバーの考え方に従っているといえるのである。社会科学の一分野である社会学は当然にこの科学論の枠内で論じられてよいと思われるのであるけれども、実際には、かれの『社会』はこの社会科学論を超えた内容をもっていたといえるであろう。社会科学論の後に続く数ページはまさしくそのことを取扱ったものであった。

本書の大部分は社会科学としての社会学論であったが、これら数ページで論じられていることは、社会が人間世界の出来事であり、これらの出来事は人間行動に基づいて成立するもので、行為に際して選択の契機があり、望ましいものについての概念、進歩観が必ず作用するということである。そして、最終的には、先に指摘したように、文明社会や人格の向上をひとつの目安とする進歩観にたつ社会観がここでも主張されていたといえるのである。

第四節　『社会的因果関係論』

本書は社会的因果関係に関する本格的な論考である。前二節で取り上げた著書が社会理論であり、それぞれのテーマに含まれる諸事象の全般に関する分析と論考であったのに対し、本書は社会認識や社会学方法論に関する論議である。社会理論としては、前二書ほど包括性はなく、論の出し方もひとつのテーマに絞られた形となっている。従って、本書の構成を節にわたるまで紹介しても意味がない。しかし、本書の全体像を知るために章だてのみを挙げておくと、第一部、科学と因果関係においては因果関係と原理の証明の二つの章が、第二部、因果関係と社会科学においては社会科学の惨状と社会科学の避難所の二つの章が、第三部、分析アプローチにおいては特殊な何故の探究、沈殿物としての原因、誘因としての原因、責任ある機関としての原因、因果的調査の方法の五つの章が、第四部、解釈においては意識的なものの領域、ダイナミックな評価、ダイナミックな評価の仕方、結果の帰属、因果的推論に関する結論の五つの章が挙げられている。

この章だてからも分かるように、科学の本質的な役割が原因と結果の関係の解明にあること、自然科学における因果関係認識と社会科学における因果関係の認識の相違を理解する必要があること、社会科学においては問題の設定と原因の分析の仕方およびこれに基づく調査が重要であること、社会科学における評価や解釈はどうあるべきであるかが、論理的に順を追って展開されている。そして、これら一連の論考の出発点にあるのが物事は変動するという認識にある。すなわち、この著書が目的としているのは、社会的変動の社会科学に基づく認識はどうあるべきであるかということにあったのである。本書は、今述べてきたように、論理を追う形で展開されており、主張されているものの骨旨は最後の三つの章に集約されて表明されていると考えてよい。従って、そこでの議論を中心に、論点を整理する形で進めたい。

論点のひとつは社会的因果関係に関するものである。マッキーヴァーは、社会的因果関係は、社会現象が社会・心理学的関係を含むところにもっとも大きな特質を求めている。社会的な出来事は物理現象や生物学的現象と異なって、意識に基づく経験が作用することにある。この結果、数多くの活動と人間の関係が生じ、これらが社会を形成しているのであるが、人が活動をし、社会が形成されるとき、そこには意識領域に不可避といってよい個人あるいは集団による評価が働くという[23]。従って、社会はこのような評価に基づく行動の複合態ということになる。この結果、社会変動認識にとって重要なことは、この場合の変動にあたって、新しい事態がインパクトを与え、それまでの均衡状態を撹乱し、それに対して、個人や集団が新たな評価を行なうという精神的な過程が発生するということである。この過程で働く再評価はダイナミックな形で行なわれるというのがかれの社会の変動についての基本的な考え方であったのである。

この評価契機が働く過程をかれは資本主義社会の変動を例として挙げている。資本主義社会のある段階においてはある状態の文化、技術、社会状態があり、これらのそれぞれのうちにある、ある種の基準に従った資本主義的特徴がみられる。この社会が同時にそこに住む人々の有機体としての面や物理的環境面での諸条件の制約下にあることはいうまでもない。この社会状態は全体としてある均衡状態をなしているのであるが、たとえば工業技術の発達がみられるとき、これのインパクトが技術領域のみならず他領域にも波紋する。社会は新たな均衡を求めようとするのであるが、このときダイナミックな評価の契機が働き、新しい均衡状態としての資本主義社会が成立する。古い状態から新しい状態への移行というこの変化がかれのいう社会変動であり、ここでは新しい資本主義社会は、新しい段階の文化、技術、社会状態とこれに対応できる物理的・有機体的条件をもつ状態に変化しているとみなされるのである[24]。

この種の研究にとって重要なことは制度改革、集団行動、統計的事実に表される社会的行動をもたらすような評価の変化、手段の変化、条件変化とそれらの相互関係を内容とする過程の解明にあるという。このためには、ある現象をもたらす条件、手段、文化複合態のそれぞれの間にみられる重要な相違と比較可能なものを発見し、跡づける努力をする必要がある。この跡づけこそが社会的因果関係の追究であるのだが[25]、かれの主張点はこの跡づけの仕方にある。

ある社会変動、たとえば離婚の増加を考えたとき、様々な原因が考えられるのであるけれども、マッキーヴァーはそれらのうちでもっとも重要なのは文化的価値体系のなかで家族が以前ほど重要なものと考えられなくなり、この現象がますます一般的となりつつあることに求めている。もちろん、これはあくまで仮説であり、発見のための仮説として提出されている[26]。しかしながら、重要なことは、第一義的な変動因を文化的価値体系に基づく評価の契機に求めた点にある。つまり、「あらゆる社会現象はなんらかの意味ある体系の表明である」[27]と考えていたということである。

この結果、社会変動つまり社会的因果関係は文化的価値体系に基づいて行なわれる個人や集団の社会的行為であるということになる。すなわち、社会変動は意味連関に基づいて行なわれているのであるから、目的と手段あるいは原因の関係として位置づけることができるということであり、研究者はこれを評価されるものの状況として仮説的に因果関係の存在を提示できるということである。この議論がヴェーバーの社会科学認識論と軌を一にするものであることはいうまでもない。ただ、両者には社会理論として大きな相違がある。それはマッキーヴァー理論がこれらの社会現象の大きな枠組としてコミュニティを想定していたということである。ただし、本書において、コミュニティが取り上げられているのは犯罪との関連においてのみであり[28]、ヴェーバー社会理論も実質的には時間と空間を前提とした地域社会を取り扱っているのであるからここで両者の社会理論の相違について言及するのは適切ではない。

社会理論としてみた場合、もうひとつ注目してよいのは、マッキーヴァーが挙げている研究領域についてである。かれは因果関係の研究や調査のためには課題を区分することの必要性を再三強調している。個々の研究事例は取り上げるテーマによって異なるのでここで検討することは避けるが、注目してよいと思われるのは、長期的な再調整をうけるシステムの特定局面間に設定されるべきダイナミックな関係として、文化複合体やダイナミックな評価の場合に生ずる諸目的、特定の文明装置に由来する技術や統制、社会関係、特定行為にとっての前提条件に関係するものとしての生物・物理学上の条件を挙げていることである[29]。かれはこれらを相互に十分に関連づけて考えてはじめて社会現象の本来的な理解が得られると考えていたのであった。

第五節　おわりに

これまで、マッキーヴァーが著した社会に関する三つの大著を紹介し、その特徴がどこにあったかを指摘してきた。そこで、これらの著作から読みとれるかれの社会理論の特質を探るとともに、社会理論としての意味について考えてみたい。

第一は社会のどの部分を重視していたかである。かれの社会に関する全体像は『社会』で定まったと考えてよいであろう。同書では社会に関するほぼあらゆる要素が取り上げられ相互の位置関係が整理された。従って、注目すべきは同書および他の著書において何が重点的に論じられたかである。

この点で注目してよいのは、歴史過程において発生するもののもつ社会への影響に着目していたことである。すでに『コミュニティ』において、社会が物理的、有機的法則の拘束下にあることが指摘されていたのであるが、この種の問題意識はより明確となり社会変動論との関連で論じられたのであった。物理的環境、生物学的条件、技術的なもの、文化的なものの累積物等の社会への影響が社会変動の重要要因として位置づけられていることは、社会を論じるに際してこの種のものが重要な一領域であることを主張するものであり、われわれはこれを社会的基礎条件に関する領域として位置づけたことがある。

もうひとつ重視しているのはいうまでもなくコミュニティである。かれの社会理論におけるコミュニティの位置づけ、コミュニティの意味、コミュニティの内容についてはこれまで再三触れてきたので繰り返しは避けたい。コミュニティがかれの社会理論と社会評価をする際の原点であり、立脚点であったということで十分であろう。あえていえば、コミュニティと個性および社会性から成る人格概念とが関連づけられることでかれの社会論の基本軸が設定されたということである。

かれは理論的には政治領域、経済領域、社会領域のように社会諸領域の区分をおいていたように思われる。そのうち、社会領域、政治領域の著作、とくに政治領域への関心が高いように思われるのはかれのコミュニティ論と社会認識論についての考え方に理由があったと考えてよい。

第二は社会法則に関してである。かれは社会における自然科学的法則の存在は否定している。しかしながら、社会理論絡みの著作において法則あるいは法則的なものというテーマにこれほどこだわった学者もめずらしい。これは、かれが、自然法則のような厳格なものではないにしろ、社会におけるなんらかの法則的なものあるいは傾向性に着目していたということである。このことがコミュニティの法則を語ったり、社会的因果関係を詳細に論じたりした理由であった。結論的には、かれは社会における法則的なもの傾向的なものの存在を見出していたといってよい。

第三は第二と関連するのであるが、社会認識における価値の問題である。統計的事実を確認するだけでは社会を語ったことにはならないとしているように、社会認識には評価契機が作用する。この場合の評価契機はヴェーバーの認識価値に相当するものであるけれども、この価値論を前提にして社会法則や社会的傾向の存在が主張されたのであった。

この限りでいえば単なる社会科学認識論にすぎないことになるが、かれの社会理論にはこれを超えたいわば社会哲学があり、これが様々な形でかれの社会理論のなかに表現されていたといわざるをえない。二分法的対立概念を提示し、どちらかに高い評価を与える論の出し方はかれの社会理論においても政治論においても一貫してみられる論の出し方であり、コミュニティ論、社会進歩観における評価基準をみてもその種の社会哲学が感じられるのである。これを第四のものとして挙げておきたい。

第五に、右記を考量すると、かれの社会理論は本来的に政治論に結びつくものをもっていたということである。コミュニティを全体として捉え、しかも将来の世界大のコミュニティの展望をもとうとするとき、社会全体の在り方は政治と関連づけざるをえないし、社会法則や社会的動向が価値論がらみで展開されるとき、政治の在り方を問題にせざるをえない。まして、かれの社会理論は個人と社会の関係をもともとの出発点にしているのであるから、この問題にもっとも鋭く対決してきた歴史をもつ政治理論領域のテーマにコミットすることなしにはすまされない。かくして、かれの社会理論は政治論との接点の多い理論として展開されたのであった。

注

1　拙稿「現代政治理論への一視点」(『高千穂論叢』、第二四巻第一号)および拙稿「R・M・マッキーヴァーにおける政治と社会」(『高千穂論叢』、第二五巻第三号)。

2 R・M・マッキーヴァー(中久郎・松本通晴監訳)『コミュニティ』、ミネルヴァ書房 一九七五年、六九～七〇頁。

3 同書、七七～八三頁。

4 同書、三〇頁。

5 同書、三一頁。

6 同書、四一頁。

7 同書、四一頁。

8 同書、四三頁。

9 同書、四四頁。

10 同書、一三五頁。

11 同書、二三一頁。

12 同書、二四三頁。

13 同書、二四七頁。

14 同書、二七一頁。

15 同書、一九五～一九六頁。

16 同書、一九七頁。

17 R. M. MacIver and C. H. Page, Society, Macmillan and Company Limited, 1967, p. 35.

18 ibid., p. 512-518.

19 ibid., p. 510-511.

20 ibid., pp. 512-520.

21 ibid., p. 633.

22 ibid., p. 618.

23 R. M. MacIver, Social Causation, Peter Smith, 1973, pp. 371-373.

24 ibid., p. 345.

25 ibid., pp. 332-334.

26 ibid., p. 338.

27 ibid., p. 392.

28 ibid., pp. 377-379.

29 ibid., pp. 330-331.

第八章　マッキーヴァーと政治的多元主義

第一節　はじめに

R・M・マッキーヴァーは多元的国家論者として名高い。政治学の歴史における多元的国家論の重み、わが国における多元的国家論者としてのマッキーヴァーの位置づけなどを考えるならば、かれの政治理論を取り上げる場合、常識的には、まず、多元的国家論者としてのマッキーヴァーを論じるのが無理のないところであろう。しかしながら、われわれはこれまでの諸章で、あえてこのテーマに本格的に入るのを避けてきた。それは、これまで、しばしば述べてきたように、われわれのかれの理論についての主な関心が、学説史としての意味あいよりもかれの社会・政治理論の現代政治理論としての適用可能性にあったことにあるが、同時に、多元的国家論としてどのような形で論じることができるかに若干の戸惑いがあったことにもよる。

このように述べることは、もちろん、かれが多元的国家論者であることに疑問を抱いているということではない。

いうまでもなく、マッキーヴァーは代表的多元的国家論者の一人である。ただ、かれの場合、他の多元的国家論者と比較して、社会理論をベースにした部分が多く、この部分をどのように取り扱うかが大きな課題であり、かつまた、特有の多元的国家論を論じた政治理論家としてマッキーヴァーを取り上げる意義がでてくると思われるのである。

そこで、われわれは、かれを広く政治的多元主義ないしは政治を多元主義的脈絡のなかで捉えようとした論者として理解し、この種の理論系譜のなかでかれの多元的国家論がどのような性格のものであったかについて論じてみたいと思う。

第二節　マッキーヴァー政治理論におけるコミュニティと国家

マッキーヴァーの政治理論は国家とコミュニティの関係、国家論、政府論、政治神話論、政治権力論や権力構造論、政治機構論など多岐にわたっており、これらのいくらかに関してはすでに取り上げてきたので本章では政治的多元主義ないしは政治的多元論(この場合、端的にいって、多元的国家論といってよいだろう)に関係する範囲のものに限定して話題にすることにする。

多元的国家論の特徴のひとつとして通常挙げられるのが国家と社会の区別である。そこでまず、このことについてかれの議論を検討してみたい。このテーマについては、『コミュニティ』、『近代国家論』、『政府論』などで論じられており、とくに前二書はこれが主要テーマのひとつであった。多元的国家論者は共通して国家と社会の区別を指摘しているのであるが、マッキーヴァーほどこのテーマを追究した論者はいないともいえる。われわれはすでに何回となくこのテーマについて言及してきたのではあるが、本章との関係で避けて通れない事柄であるのでかれの考えを改めて整理することから始めたい。

これらの著書のなかで、かれが国家と社会の区別に関して詳しく論じている箇所が少なくとも四カ所ある。第一は『コミュニティ』の第一部第一章「コミュニティについての誤解」というタイトルのもとに展開されている議論である。ここでの議論の骨子はコミュニティを有機体と同様のものと考えたり(これはアリストテレス以来しばしば主張されてきたとされている)、巨大な心ないし巨大な魂と考えたり(W・マクドゥーガルがその例として挙げられている)、部分以上の総和であると考えたり(E・デュルケームがその例であるとされている)する人々への批判であり、このような考え方がでてくるのは、結局の所、このような主張をする人々は社会現象を理解するさいに人間個人や動物などとの類似性に着目するという間違った推論に基づいて社会をみていると論難したことである。

第二は同書の付論「新ヘーゲル学派の『社会』と『国家』の同一視批判」で展開されている議論である。ここではJ・ルソー、G・ヘーゲル、B・ボザンケの理論が問題とされた。ルソーについていえば、かれの有名な概念である一般意志は、ルソーにおいて道徳的主権や道徳的正義と同一視されたことによって、理想と現実の混同、政治秩序と社会秩序の同一視が行われることになったとした。ヘーゲルについていえば、かれは市民社会と国家の概念を提示したことで知られる人物であるが、市民社会の概念に法律など国家領域に属するものを入り込ませているなど、国家と社会の区別が適切になされなかったり、理想と現実が奇妙な形で混同されているなどの問題点があると指摘された。ボザンケについていえば、かれは国家を真実意志つまり理性的な意志と考え、国家はあらゆる制度に対して有効な批判を果たすことができるのであるから唯一の正統化された強制力であるとし、そこに政治的義務の根拠を見出だそうとしたのであったが、この種の真実国家は理想国家にすぎず、理想国家においては現実の国家にみられる法律に従うという意味での政治的義務の問題は起こるはずがないこと、現実の国家では、個人意志と国家意志の完全な一致は起こりえないこと、国家意志とされるものは現実には多数意志であり、そのような意志を一般意志とし、理性的な意志とみなすことには無理があると指摘したのであった。

これらの指摘が意味するものは、これらの理論家たちが、古代ギリシア時代の都市国家への強い愛着を有し、都市国家においてみられたものをそのまま現代国家に適用し、国家と社会の区別を十分にしてこなかったことに問題があるということであり、その結果、政治認識にあたって決定的な欠陥を生ずることになってしまったとしたのであった。

第三は『コミュニティ』のなかのコミュニティと国家に関する論議である。ここでの議論によれば、コミュニティは濃淡差のある社会的相互関係の網のようなものであるのに対し、国家は排他的であり、画定的なものであるとされる。

第四は『近代国家論』における説明である。ここでは、コミュニティは社会(Society)にみられる三つの社会形態のひとつであり、国家は残りふたつの社会形態のひとつである結社(Association)の一種であるとされる。

以上のうち第一、第二は、類比(類推)法によって社会をみたり、国家とコミュニティを同一視したりするなどの理論展開をしたと見なされた論者の問題点を指摘することに力点がおかれたものであったが、これらの指摘のなかには、同時に、そこに、かれが本来の国家と考えていたものが想定されていたことはいうまでもない。それは端的にいって近代以降に成立したと考えられる近代国家ともいうべきものであった。他方、第三、第四は国家と社会の区別、とくに国家とコミュニティの区別に関する議論である。

さらに、コミュニティと国家に関する概念自体をみてみると、両者の内容と相違が明確になる。

「コミュニティとは、共同生活の相互行為を十分に保証するような共同関心が、その成員によって認められているところの社会的統一体である」[1]、

「コミュニティという語を村とか町、あるいは地方や国とかもっと広い範囲の共同生活のいずれかの領域を指すのに用いようと思う」[2]、

「コミュニティはある程度の社会的凝集力によって特徴づけられる社会生活の領域である。コミュニティのベースとなっているのは地域性と地域社会感情である」[3]などがある。

以上はコミュニティの概念であるが、他方、国家の場合は「人々の間に承認された権利義務の根本体系の維持と発展に中枢機関ないし、政府があたるように組織された特定の人々の一団は固有に国家とよばれる」[4]、「領土的に画定づけられたコミュニティの範囲内で、その目的のために強制力を授与された政府によって公布された法を通じて行為することによって、社会秩序の一般的外的条件を維持するアソシエーションである」[5]「われわれが国家という時われわれは政府がその行政機関であるところの組織を意味する」[6]、「国家は、民族が何らかの意味において、それによってみずからを統治するところの制御と制度的仕組みとの一体系である民族の政治組織」[7]、となっている。

以上から理解できることは、コミュニティが共同関心によって成立する共同生活の場であり、より具体的には地域と地域社会感情を基礎にした共同生活の場であるのに対し、国家の場合は、人々からなる目的組織つまりアソシエーション(結社)であること、統治機関としての政府をもっているという認識がなされていたということである。また、コミュニティは共同社会あるいは基盤となる社会であると理解されていたのに対し、国家はコミュニティ内における政治領域を担う目的組織として捉えられていたといえるのである。

これらの引用と定義の内容から、多元的国家論者としてのマッキーヴァーの特質と論点がいくらか浮かび上がってくる。

第一はかれの主要な関心と出発点がコミュニティにあったことである。他の多元的国家論者も基礎社会としてのコミュニティを想定しているとはいえ、マッキーヴァーほどこのテーマを論じている論者はいない。かれにとって、コミュニティはかれのすべての社会理論の出発点であったことが容易にうかがい知ることができるのである。

第二は論拠の出し方が社会学的認識に基づいていたことである。有名な多元的国家論者のなかで社会学の素養と発想を明確に有していたのはマッキーヴァーのみであった。かれは社会学者としても高い評価を得た学者であるけれども、このような素養があって始めてコミュニティと類似概念の相違を詳細かつ明確に指摘できたし、類似概念と混同することの危険性を社会学的論証性をもって示しえたのであった。

第三はコミュニティの概念を明確にしたことである。右記にも関連することであるが、多元的国家論者たちはコミュニティ概念をしばしば使用している割にはコミュニティの概念が明確ではない。マッキーヴァーはCommunityとSociety, Association, Institutionなどとの相違を説明することによってコミュニティの概念を明確にし、多元的国家論におけるこの概念の規定に大きな貢献をなしたのであった。

第四はアソシエーションとの関連である。多元的国家論のテーマのひとつは多集団社会や集団の噴出がいわれる時代にあって、国家をいかに位置づけるかということであった。かれは国家をアソシエーションの一種とみることによって国家の内容と行動を限定づけるとともに現代国家のあり方を示そうとしたのであった。この場合、アソシエーションはコミュニティ内の需要がつくり出すものであり、具体的には、人々が分立的関心をもち、そのなかの補充的であり、協働的である関心が共同関心に転化することによって成立する結社であるということはすでに何回も紹介した通りである。

第五はコミュニティ概念を提示したことの意味である。この場合のコミュニティは基盤社会あるいは基礎社会の意味をもっていることはすでに述べた。ところで、かれのいうコミュニティは人が生まれ、そのなかで成長する場であり、共同の関心に基づいて成立する地域集団であり、人々が知識や視野を広め、関係の内容を豊富にするにつれて最大規模のそれが拡大する集団であった。しかも、この種の集団はかれのいうパーソナリティの発展と同じレベルで発展する関係にあると捉えられていたのであるから、本来的に集団内における調和が前提となっていた。つまり、コミュニティは数多くの目的集団が存在したとしても全体のバランスを失わさせないための最後の砦でもあったのである。

第三節　マッキーヴァー政治理論における主権論と機能主義

多元的国家論の特徴とされる他の重要な特徴は主権の所在と機能主義に関するものである。マッキーヴァーの場合、この二つに関する論議は密接に関連しているので本節で一緒に取り上げることにしたい。

まず、主権に関してである。

これには、二つの側面があると考えてよいであろう。すなわち、ひとつは国家のみに主権の所在を主張することに対する否定的な考え方がどのように捉えられていたかということであり、もうひとつは団体主権はどのように理解されていたかということである。

国家主権論はJ・ボーダンが『国家論六巻』でこのテーマを論じて以来、近代政治のみならず、現代政治においても重要なテーマであり続けていることは周知の通りである。マッキーヴァーの時代、国家主権問題は前の時代に理想主義政治哲学が流布され、この学説は、社会福祉面等においてそれなりに説得力を発揮してきたところから、この種の政治思想との対決の形をとることになった。マッキーヴァーが国家主権を強調する学派に対して展開した議論は次のことであった。

第一は、前節での議論とも関連することである。ヘーゲルは民族精神の存在を想定し、現実的なものは理性的であり、理性的なものは現実的であるとした。当時のイギリスにおけるヘーゲル主義者ボザンケは国家の意志を真実意志であると考えていたとマッキーヴァーが指摘したのを先にみた。この種の考え方がでてくるのは、究極的には、国家とコミュニティを混同するという誤解に基づくことにあるというのがマッキーヴァーの考えであったが、さらに進んで、国家は、それが目的とするものが、それ自身の権利において存在したり、それ自身のために存在するような存在物ではなく、国家成員の目的の為に役立つためにコミュニティによってつくられた道具であるとした。この立場から「国家の主権は最終的なものでもなければ、自己決定的なものでもなく、信託の一形態であり、派生的権力であり、委託である」[8]とし、国家主権を強調する考え方はこの面から根拠が乏しいとして反対したのであった。

第二は国家論が、長い間、法的な主権概念によって支配されてきたために現実社会に適用したときに不適切になったり、あるいは誤ったものになってきてしまったという指摘である[9]。この理由としてかれが挙げているのは国家のみが法ないしは法制化を行っているのではなく、教会には教会の、ゴルフクラブにはゴルフクラブにおける法があるという考え方であった。これは、法学的主権論が権力論的観点から論じる傾向があることへの疑問であり、権力はサービスのための道具にすぎないという主張でもあった[10]。

第三は時代認識との関連である。すなわち、歴史が新しくなるにつれて、宗教的信仰の多様化が成立したり、経済の発展とともにこの領域の大集団も出現するに至り、国家絶対主義の教説は崩壊し、社会生活における全権力をもつ唯一の機関として自らを主張することができなくなったという指摘[11]である。

この他、右記にも関連するのであるけれども、国家が絶対的主権をもつと考えられているとして、戦争目的などが正しいと考えられた場合、戦争によって目的が達成されないような事態が発生すると、幻滅状態になり、社会の壊滅的崩壊を導きかねないなどの指摘もなされている。マッキーヴァーが危惧したのは、手段であるべき国家が権力上の制限をうけないことによって本来の目的以上の行動をとることになり、外国との関係においても、国内においても人々の生活が崩壊することを避けることができなくなるということであった[12]。

これらは国家に絶対的な主権を認める考え方に対するいわば反論ないしは疑問であるけれども、では、団体主権との関連はどのようなものであったろうか。

第一はアソシエーション論との関連である。マッキーヴァーにとって、アソシエーションとは「社会的存在がある共同の関心［利害］または諸関心を追求するための組織体（あるいは〈組織される〉社会的存在の一団）」であり、「共同目的にもとづいてつくられる確定した社会的統一体」[13]であった。コミュニティが共同生活の焦点であり、総合的であるのに対し、アソシエーションは目的々組織体であり、部分的であるとされた。アソシエーションの永続性、包括さの程度、重要度は時代とコミュニティの状況によって千差万別でありうるのであるが、「共有の関心が組織によって促進されることがわかるや、人々はすぐにアソシエーションをつくる」[14]性格のものと考えられたのである。かくして、人々はアソシエーションを通して自己の関心を社会的に実現するという多元的国家論者に共通の考え方を共有したのである。

マッキーヴァーは、国家をこのような性質をもつアソシエーションのひとつであるとする。つまり、かれは集団の特性の観点から、国家と他の集団には本質的に差異はないと考えたのである。

第二は歴史との関連である。アソシエーションは時代とコミュニティの状況次第で多種多様でありうるのではあるが、実態からみると、古代ギリシア時代や中世的世界においては、アソシエーションに精確さと限界を与えることに失敗し、コミュニティと国家、国家とギルドや教会の境界が理解されず、それぞれが不確定な利益を求めることがしばしばであったという。この点、近代に入ってからは単一の自発的アソシエーションの出現をみ、「各々が国家に対し、一定の関係と一定の自律性を有し、またそれぞれが一種類の関心に限られ、その関心の点で同じ成員から構成されている」[15]としている。つまり、今日では、「巨大アソシエーションは国家の一部でもなければ、それの臣下でもない」のであり、「金融、工業、商業、農業の諸組織は重商主義的統制を振り払い、国家の奴隷であることをやめ」[16]たとしたのであった。すなわち、現代では、アソシエーションの本来の特性がますます明確になってきたと認識されたのであった。

第三は現代のアソシエーションの性格についてである。マッキーヴァーによれば、すべてのアソシエーションは法をつくるという。これらの法もまたその成員を拘束する[17]。いずれのアソシエーションも法をもつという点においてすべてのアソシエーションは同じであるという。ただし、国家の法律と違って、他のアソシエーションの法は、人々がその法を好まなければ、参加することによる特権を放棄したり、アソシエーション自体を離脱することができるという。この点は、後にみるように、徹底した多元主義者とはいえない面がある。

第四は主権論との関係である。マッキーヴァーは発達したアソシエーションであれば、どのアソシエーションにも三つの異なった種類あるいは発展段階があると述べている。一つ目はアソシエーションの維持のための意志であり、国家や他の結社を維持しようとする意志(かれはこれをルソーとは異なる意味で一般意志という言葉を使用している)である。この意志は国家の場合はある程度の強制契機があるという。二つ目はアソシエーションの方策を決める意志であり、かれはこれを究極主権と呼ぶ。これはすべてのメンバーの意志とはいえず、実質的には多数者の意志であるといってよい。三つ目は立法主権とかれが名づけたものであり、通常は政府や取締役会が執り行う種類の行動である。

この文脈のなかでは、かれは国家主権と団体主権の問題を立法主権に関連づけて論じている。かれは、政治領域における主権の行使は他のアソシエーションにみられる成員に対するコントロールの行使に対応すると考えているのであるが、その場合行使される強制などは目的を達成するための制度のひとつの特性にすぎないとし、主権的権力とはそもそも共同意志の属性なのであるという。従って、あるアソシエーションの結成と存在が政治的関心と変わらないほどに人々の生活にとって重要なものであり、そのアソシエーションの利害に対して真に独立性のある、非派生的なコントロールをする力と能力をもつならば、国家の普遍的優位性を認める必要はないとしている。そして、少なくとも発展した国家においては、正当な力の鎧を纏うことができるのは主権(政府)ではなくて法や憲法なのであるとしたのである[18]。

第五はさらにより積極的な主張としての現代のアソシエーションの意味である。現代のアソシエーションは絶対王政時代以前とは違って進化をしてきたというのがマッキーヴァーの見解であった。先に、大きなアソシエーションは今日では国家の一部でもなければ、国家の臣下でもないという主張をみたが、マッキーヴァーはさらに「それらは、国家と同様、それ自身の権利において存在」[19]するし、それ自身の権力を行使するし、忠誠をも要求するのであるとしているのである。

これらいずれもアソシエーションを主権論との関連で整理したものであるが、アソシエーション論のもうひとつの重要な意義が機能の問題と関連していたことは周知の通りである。しかも、マッキーヴァーの主権論は機能主義関連の説明無しには理解しがたい面をもっていたともいえる。そこで、次に機能主義に関連するかれの議論を整理しておきたい。

第一はコミュニティとの関係である。先にみたように、アソシエーションは共同関心に基づいて結成された組織体であった。マッキーヴァー理論では客体である関心の主体は人々の意志である。コミュニティは「意志と意志の間の無数の関係の全体系」、「アソシエーションを創出するものはコミュニティの意志である」[20]と考えられていたのであるから、アソシエーションはコミュニティの必要性が生みだした組織体であると考えることができる。つまり、「あらゆるアソシエーションはコミュニティの器官なのである」[21]。

第二はアソシエーションは意識的な、限定された目的の達成の為に社会内に樹立された組織である[22]ことにある。古い時代に存在したアソシエーション(たとえば、ヨーロッパ中世における国家や教会)は利害が複合的であったが、現在のアソシエーションは統一された利害を追求し、それであるがゆえに成員たちは利害の共有意識が強く、より純粋な形態となってきたと理解された[23]のである。つまり、現在のアソシエーションは共通の関心に基づいて形成された目的集団なのである。

第三に、アソシエーションが存在するということはその種の関心が基礎社会内に意味ある形で存在するということである。現在、政治的、経済的、宗教的、教育的、科学的、芸術的、文芸的、娯楽的、博愛的集団など専門的な集団を形成する様々な種類のアソシエーションがあるが、このような状況は「今日の共同生活を以前にもまして豊かにしている」[24]と評価されたのであった。

第四は機能主義の観点がみられることである。つまり「アソシエーションが固有の活動を始めるにあたっては、必ず、コミュニティ内に当該アソシエーションに固有の位置づけがなされており」。「各種のアソシエーションは、固有で独自な機能をもつものである」[25]。

以上から理解できることは、アソシエーションはそれ自体は人々の意志によって結成される集団であるとはいえ、別の角度からみれば、コミュニティの需要を満たすためにコミュニティによってつくり出された目的集団つまり結社であると考えられていたということであり、コミュニティ内の機能集団であるとみなされていたということであり、歴史の進展とともにアソシエーションを結成しようとする動機と関心が増大したと認識されていたこと、つまり、人々はそれぞれ多くの関心を持つようになり、各人が複数のアソシエーションの結成に参加しようとするところから、多くの集団の発生がみられるということであり、このことが肯定的に受けとめられていたということである。

ところで、政治学上、議論となるのは、国家もまたこのような性格をもつアソシエーションの一種であるとしたことであった。このことについて確認し、マッキーヴァー政治理論の特性を探ってみたい。

『コミュニティ』と『近代国家論』における議論は、見方によっては、近代以降の国家をどのように位置づけ、限界づけ、コミュニティ内における役割を示そうとした試みであったともいえる。先ず、『コミュニティ』における国家論をみてみよう。先に、国家が権利義務の根本体系の維持などのために政府があたるような組織であるとみなされていたことをみたが、それ以外では次のような言説がある。

「国家は、このように社会秩序の維持発展のための基礎的なアソシエーションであって、その目的のために中枢機関にはコミュニティの結集した力があたえられるのである」[26]、

「国家は社会生活の一般的外的諸条件を規定し、外部的に履行される社会的諸義務の主要な体系を支持する必然的に形式的な用具として機能するにすぎない」[27]、

「国家の本質的特徴は政治的秩序にあり、国家の〈第一次的〉用具は政治的な法なのである」[28]、

「国家にこの強制力があるのは、その成員がその力を〈意志し〉、自己を法に従属させて、法の維持に各員の力を結集するためである」[29]、

「国家はそれ自体アソシエーションの一つにすぎないが、それでいてアソシエーションの全体を整合する機関であ

るものと思われる」[30]、

「この最大のアソシエーション（国家のこと――筆者）は、コミュニティの全関心の整合を代表しており、それによって、コミュニティ内の絶え間ない部分的葛藤の観点からして、……国家そのものに解かせるのである」[31]、

「国家は、それ独自の機能、すなわち、他のすべてのアソシエーションを保護し、組織化し、各アソシエーションがその本質的なサービスを果たすように擁護し、全アソシエーションを、国家に共通の法律のもとで整合し、各自に、自己のもつ中央組織の助力を与える機能を有している」[32]、

「国家はこれらのアソシエーションを決定〈出来ない〉」[33]、

さらに、『近代国家論』からいくらかを拾ってみると、

「政府は憲法の守り手として、法の執行者として権力をもつ」[34]、

「国家がなすべきことは、コミュニティの器官としてなすべきことなのである」[35]、

「われわれは秩序を国家業務の本質的なものとみなすであろう」[36]、

「コミュニティにおける秩序はそれがコミュニティのニーズに役立つ限りでのみ正当化されよう」[37]、

「他のアソシエーションと国家の本質的な違いは、国家がそれのもつ手段によって限界づけられるのに対し、他のアソシエーションの場合はその目的によって限界づけられるところにある」[38]。

多元的国家論が展開された時代の代表的な著作にみられる以上の国家観から読みとることのできることは、国家が本質的にコミュニティ内の社会ニーズに基づいて結成されたアソシエーションであること、アソシエーションである限り目的をもつ集団であるが、その目的は社会秩序の維持と他のアソシエーション間に発生する可能性のある利害の葛藤を調整することにあること、これらの目的を達成するために権利義務関係を規定する法を守り、それを執行する

政府という機関をもつこと、国家は他のアソシエーションの存立そのものに干渉してはならず、国家に期待される役割は各アソシエーションがなそうとするサービスを側面援助することにあると考えられていたことである

これは国家を機能主義の観点からみていたということに他ならないのであるが、同時に、社会秩序のための国家干渉はコミュニティのニーズを満たす限りで正当化されたように、主権に関わることもまた機能連関で捉えられていたということでもある。つまり、主権論と機能論はコミュニティを媒介にして密接に関連していたということなのである。

さらにいえば、社会秩序がどのようなものであるかは、自由なパーソナリティをどの程度つくり出すかによって判断しなければならないし、「コミュニティのより深い絆というものは、階級や民族といった性格のものではなく、小さなサークルから、全世界をひとつのコミュニティに調和させることができるような自由にして人間性豊かなパーソナリティという性格をもつものなのである」[39]と考えられていたのであるから、基本的には、主権論も機能論もかれの社会哲学ともいえるコミュニティ論とパーソナリティ論がベースとなっていたといえるのである。

第四節　多元的国家論者とマッキーヴァー

『コミュニティ』や『近代国家論』は多元的国家論が華やかに展開された時代に書かれたものであったが、ラスキなどと違い、マッキーヴァーは初期に展開した理論的立場を堅持し、両書にみられる基本視点を維持しながら、政治社会の他の領域をさらに考察していったのであった。たとえば、『政府論』をみればそれは明瞭である。

『政府論』の終章「単位と統一体」では、第一に、ルソーやヘーゲル等が国家と社会やコミュニティを混同したこと、国家有機体説の神話にとらわれていること、その結果、全体主義的独裁政治の精神的父祖や帝国の擁護者になってし

まったと論難し、第二に、集団論が展開され、人は集団に属することが確認され、しかも複数の集団に属するのが普通であり、「種々の集団は人間がそれらを必要とするから、すなわち一つでは十分でないから存在する」[40]とし、第三に、人は集団に所属するが、個人がその集団にことごとく吸収されるものではないこと、集団の目的を追求しながらも個人の目的も追求するものであること、「人間社会の問題はどこにおいても自我の利益と集団の利益との調整である」[41]こと、第四に、多集団社会においては「組織並びに組織を維持する集団の、秩序立ったしかも自由な共同社会生活内における相互調整の問題に当面」[42]すること、その調整は機会の均等の方向への漸次的な再調整以外にないこと、第五にこの調整機能を果たすことを期待されるのが国家であり、国家の機関である政府であること、第六に「民主政治の発展が、唯一の明瞭な政府の論理、すなわち政府をそれが統治する全体の機関として解釈するところの論理を回復した」[43]と認識されたこと、第七にこのように国家や政府の役割は重要であるとはいえ、「たとえ国家は共同社会の規制者であるとしても共同社会が包含するすべてのものの整序者ではない」[44]こと、第八に「共同社会は単に包括的集団の共同生活であるのみでなく、またその成員の非集権的で無限に多様な活動の腕木でもある」[45]と記したように、個人のパーソナリティの発現の場であることなどの指摘や主張がみられる。

前節および前々節の議論を含めてこれまでに整理してきたマッキーヴァーの主張と論点が多元的国家論と呼んでよいものであることはいうまでもなかろう。しかしながら、かれの議論が他の多元的国家論者と異なっている部分もあることも確かであるし、あるいは少なくとも強調点などに相違がみえることも確かなように思われる。そこで、本節では、他の多元的国家論者たちとの関連でどのような性格のものであったかに力点をおく形でマッキーヴァー理論の特性づけを行っておきたい。

第一は社会の動向認識についてである。マッキーヴァーは多集団社会という言葉を使用することによって、現代における集団の噴出状況をみたE・バーカーと同様に、現代社会および現代政治における集団のもつ重要性に着目している。この意味の集団が目的集団、機能集団であることは他の多元的国家論者と同様であるが、マッキーヴァーの場合は、集団の社会行動面からの分析と理解がなされることによって、単に法理論的な根拠だけでなく、具体的な集団行動を根拠とした国家や政府の機能上の意義が主張されている。

第二はコミュニティの重要度の違いである。どの多元的国家論者も基礎社会あるいは基盤社会としてのコミュニティを想定しているし、この言葉がしばしば使われている。しかしながら、マッキーヴァーほどこの概念に執着した多元的国家論者はいないし、かれほどコミュニティに重要性を与えた論者はいない。先にみたように、コミュニティはかれにとってパーソナリティ概念と並んでかれの社会論および人間論の機軸となる概念であり、観念であったのである。

第三は、右記と関連するのであるが、社会論の一部としての多元的国家論の性格が強いことである。かれの理論の出発点と最初の主著が『コミュニティ』であったことはこのことを示しているように思われるのである。

第四は、同じ理由によるものであるが、コミュニティやパーソナリティとの関連でも国家の意味づけが行われていることである。他の論者はコミュニティはほとんど前提であったり、人格論と社会論は必ずしも関連性がみられない形で論じられている場合が多いのであるが、マッキーヴァーの場合はこのふたつの概念との関連が結びついて始めて意味のある国家論となったのであった。

第五はコミュニティ内における国家との関連が問題になるとき、マッキーヴァーの場合、大変に柔軟な思考がみられたことである。たとえば、J・フィッギスの場合、国家に対抗し重要な意味をもった団体として教会が挙げられたのであったが、マッキーヴァーの場合は、教会の場合もあれば、家族の場合、産業団体の場合もありうる。これは社会学者としての観察眼に基づくものであろう。

第六は右記の諸指摘との関連もあって、ラスキが展開した多元的国家論とは若干異なったニュアンスの議論となっていることである。マッキーヴァーの場合も基本的自由が重要であることを強く主張しているのであるから自由主義者であることは間違いない。しかしながら、第三章においてみたように、多元的国家論者として国家の成立と存続の源泉を真に自由な市民である個人の選択に求めたラスキと比較した場合、マッキーヴァーが社会とのバランス、個人における社会との関連、特にコミュニティとの関連を常に念頭においた個人を想定していたことはかれの主要著作をみれば明かである。

第七として多元的国家論としてのアソシエーションの位置づけに関してである。他の多元的国家論者たちは政治社会における権力関係のなかでの個人と国家の中間に位置するアソシエーションの役割を強調した。マッキーヴァーの場合、政治社会におけるアソシエーションの中間的位置づけそのものはかれらと同様であったけれども、アソシエーションはあくまでコミュニティの需要に基づいて発生する集団としての位置づけであり、権力論的には、国家の機関である政府によるアソシエーション間の利害調整の役割を認めていた。その場合、全体としてのコミュニティにとって望ましい機能が果たされることが前提であり、このことが理想主義であるという指摘される理由ともなっている[46]。

第八として、これらにみるように、部分的に、あるいはニュアンス面において、いくらかの相違はみられるとはいえ、国家とコミュニティの区別、多集団社会の認識、国家の機能主義的捉え方、調整機能をもつ団体としての国家の政治社会における独特な位置づけなど多元的国家論の特徴とされるものはマッキーヴァーもまた共有していたことである。

第五節　おわりに

最後のテーマとして、一般に政治的多元論と呼ばれる諸説とマッキーヴァー理論との異同についていくらかのものを取り上げ、簡単に触れておきたい。

政治における多元主義を主張した代表的な理論家にR・ダールがいる。ダールの場合、広い意味の行動科学派の政治理論家の一人として数えることができるとはいえ、初期の作品以来、民主主義が常にかれ自身のテーマとなってきたのであるから、単なる政治行動の分析家とは本来的に異なる。しかしながら、多頭政民主主義という名の政治的多元主義を主張し、しかも、これがかれを多元主義政治理論の代表者とみなされている理由ともなっているのであるから、一応は取り上げておくべき人物であろう。

周知のように、ダール理論はF・ハンターのパワー・エリート論に対抗する形でアメリカ合衆国における地方都市の政治の分析とその結果の評価を巡って展開されたものであった。ハンターの評価主義的方法に対し、ダールは政策別の影響力をみることによって、イッシューによって影響を与える人に相違があることを指摘し、パワー・エリート論の論拠を実証的に批判したのであったが、かれは、さらに進んで、自由と参加や平等の達成度についての過去の推移と現状分析から、アメリカ社会を自由と参加・平等がほどほどに均衡のとれた多頭制民主政治が行われている社会であるという評価を下したのであった[47]。

自由や民主主義の特性については本章の課題ではないので、この種の課題領域を共有していたというにとどめるだけにするとして、政治的多元論との関係では、マッキーヴァーもダールも社会における多元・多集団状況の認識、単一中心的な主権的権力への疑問などにおいて共通しているのであるが、時代状況、問題意識の違いもあって、ダールの場合が政策決定過程における権力多元性、多中心的権力状況の指摘[48]などいわゆる権力論、政策決定過程論のレベルでの議論であるのに対し、マッキーヴァーの場合は国家論との関連での多元性の主張であったことである。

二つ目の政治的多元論はT・パーソンズにみられる多元論との異同である。パーソンズは社会科学におけるシステム分析を導入した理論家であり、政治学に大きな影響を与えた人物である。かれの議論のうち、多元論に関係するものを拾い出すと、ひとつは役割多元論といってよいもの、すなわち、人は各種の集合体に参加したり帰属したりするものであるが、このことは個人は集合体へ一定の役割を果たしているとみることができることから、近代社会は、血族、家族、会社、教会、学校など各種の集合体が増加した社会であるが故に、役割多元社会であるということと、もうひとつは、政治体系における多元状況の指摘、つまり、政治体系における集合目的、権限、権力の正統性に関係するものの分化、官僚制など資源動員機関の分化、結社など政治構造の分化が進んでいると認識されたのであった[49]。

この議論は一見したところマッキーヴァーらの主張と類似しているが、社会理論的には、パーソンズのいう分析哲学にたった行為論とパーソンズのいういわゆる単位行為論の相違があることに注意する必要があるし、政治理論としては、マッキーヴァー理論が国家に関する議論であったのに対し、パーソンズの場合は、政治社会、より正確には、政治体系における構造と状況を認識し、分析することに主な関心をおくという点で学問上の基本的相違がみられることである。

三つ目の政治的多元論は民主主義論との関連で主張されるそれである。これはいわば政治における価値多元主義といってよいもので、人々なり、集団なり、民族なりがそれぞれ異なった価値観をもつのは当然であるのだから、そのことがまず尊重されるような政治が望ましいとされる。この議論は、従って、多極共存型デモクラシーの主張にも通じるといえよう。

この主張とマッキーヴァー理論との相違は明白である。この種の政治的多元主義者がしばしば論難している対象はむしろ別のタイプの民主主義である、正統派のリベラリズムなどである。つまり、この種の政治的多元主義者からみれば、正統派リベラルはある価値に固執しすぎているということになる。マッキーヴァーはまさしく正統派リベラリズムの系譜にあったのであるから、この種の政治的多元論は、かれの政治的多元論とはおよそ異なった種類の政治的多元主義であったといってよいであろう。

多元論自体は古代ギリシア時代以来の歴史をもつものであり、哲学、文化論の領域との接点をもつものである。このことについては補論において論考してあるので繰り返しは避けたい。ここでは、マッキーヴァーの政治的多元主義は、他の種類の政治的多元論と比較した場合、多元的国家論そのものであったということ、多元的国家論者としては、より社会論にたった論を展開した人物であったということを改めて指摘することで本章を締めくくりたい。

注

1　R・M・マッキーヴァー(中久郎・松本通晴監訳)『コミュニティ』、ミネルヴァ書房、一九七五年、一三五頁。
2　同書、四六頁。
3　R.M.MacIver & C.H.Page, Society, Macmillan and Company Limited, 1967 p.9.
4　前掲『コミュニティ』、五五頁。
5　R.M.MacIver, The Modern State, Oxford University Press, 1926, pp.22.
6　R・M・マッキーヴァー(秋永肇訳)『政府論』、勁草書房、一九六〇年、三八頁。
7　同書、二二五〜二二六頁。

8 op. cit.,The Modern State, p.452.
9 ibid.,p.467.
10 ibid., p.468.
11 ibid., p.472.
12 ibid., p.164.
13 いずれも、前掲『コミュニティ』、四六頁。
14 同書、四八頁。
15 同書、六四頁。
16 いずれも、op.cit., The Modern State, p.165.
17 ibid., p17.
18 ibid., pp.14-16.
19 ibid., p165.
20 いずれも、前掲『コミュニティ』、一五四頁。
21 同書、一六二頁。
22 op.cit.,The Modern State, p.5.
23 前掲『コミュニティ』、二七七〜二七八頁。
24 同書、四七頁。
25 いずれも、同書、二八二頁。
26 『コミュニティ』、五五頁。
27 『コミュニティ』、五七頁。
28 同書、五三頁。

29 同書、五四頁。
30 同書、六八頁。
31 同書、一五〇頁。
32 同書、二八二頁。
33 同書、五六頁。
34 op.cit. The Modern State, p.16.
35 ibid., p.183.
36 ibid., p.184.
37 ibid., p.185.
38 ibid., p.465.
39 ibid., pp.491-492.
40 『政府論』、四七八頁。
41 同書、四八〇頁。
42 同書、四九七～四九八頁。
43 同書、五〇四頁。
44 同書、五一五頁。
45 同書、五一六頁。
46 中久郎「マッキーヴァーのコミュニティ論」（前掲『コミュニティ』四八八頁の訳者付論）。
47 拙稿「R・ダールの多頭政民主主義」（『高千穂論叢』第一九巻第二号）。
48 拙稿「政治的多元論」（『高千穂論叢』第一五巻第二号、一六三～一六五頁）。
49 同論文、一六一～一六二頁。

補論1　政治的多元論

第一節　はじめに

政治思想ないし政治理論の歴史のなかに多元論ないしは多元主義を主唱する学派があることは周知のことである。そのなかには多元的国家論のように、一時代を画したものもあるが、その後の政治理論の歴史をみるとき、この名称を掲げている場合は少ない。ところが、政治学関係の文献をみていくと、多元という言葉が結構多く使われており、また、たとえ用語自体は使われていなくても、多元的論的思考が混入しているのをみるのはめずらしくはない。

常識的に考えてみても、社会が成立している限り、複数の考え方が成立するのはきわめて当然のことであり、政治理解にあたって、多元イメージが想定されても不思議ではない。もちろん、それが社会理論上の問題として問われるときは、そのように単純なものでないことは確かであるが、多元論が政治理論上どのような意味をもつかについて、これまで十分な検討がなされてきたかというと疑問も多い。

われわれは、政治的多元論を、政治現象の把握と理論展望にあたって、有力な理論のひとつとして、現代政治理論上の位置づけを確認しようとするものであるが、本論では、その導入部として、とりあえず、政治的多元思考に関する諸理論のなかから、いくつかを取り上げ概括的に整理することによって、政治的多元論のイメージを捉えておこうと思う。

第二節　一元論と多元論

政治的多元論は、整った形で現われたという意味ではそれほど古いものではない。政治的多元論をどのように定義ないしイメージするかにもよるが、明確な形をとったのは、多元的国家論が隆盛を得た時期といってよいであろう。もちろん、前史という意味で考えれば、政治と社会、あるいは国家と社会の区別が認識されたあたりから徐々にイメージされてきてはいたといえる。

それはともかく、物事や社会を多元論的にみる考え方は、哲学の世界において、古く古代ギリシア時代から存在した。『哲学事典』によれば、多元論とは、二つ以上の根本的実在もしくは原理をたててそこから世界を説明しようとする立場のことであり、古代のエンペドクレス、アナクサゴラス、デモクリトス、近代のライプニッツ、ヘルバルトを経て、一九世紀のロッツェなどがこの系譜に属するとされている[1]。このような系譜のなかにあって更に多元論を明確に主張したのは、W・ジェームズであった。

かれの『多元的宇宙』には、多元論とその対極としての一元論が描かれているが、そこで論じられているものをいくらか拾ってみると次のようなことが指摘されている。すなわち、第一に、一元論が経験を軽視し、全体によって部分を説明しようとする全体主義的考え方をするのに対し、多元論は経験主義的考え方にたち、部分によって全体を説明する体質を有すること[2]、第二に、一元論が二者択一の選択をせまる性向をもつのに対し、多元論は妥協や調整を本来的性質としてもっていること[3]、第三に、一元論にあっては、すべての物事が全体のなかに相互につよく絡みあった形で統一体として関係づけられるのに対し、多元論にあっては、物事はそれぞれ特有の仕方で存在するのであって全体に還元されることのない個性をもった存在であること等である[4]。要するに多元論が物事をそれぞれの形態をもち別々に存在するものだとみなすのに対し、一元論は全体的な形態ないし集合単位の形態が、唯一の合理的形態であるとみなすのだと考えるのである[5]。

同じテーマが『哲学の諸問題』では次のように処理されている。すなわち一元論の特徴は、第一に、単一性を重要不可欠な要素と考え、全宇宙をひとつの統合された単一体と考えること、第二に、全体が部分を発生させ、各構成要素は全体によって決定されるが故にそれら要素の独立性は完全に排除されること、第三に、世界を精神の対象として考える絶対的観念論であること、第四に、神秘主義の権威に訴える傾向のあること等である。

これに対し、多元論は次のように特徴づけられる。すなわち、第一に、知覚的経験をありのままにうけとるのみならず、知覚的経験は概念的推論に勝ると考えられること、第二に、自由意志を承認すること、第三に、改善論的性格を保有していることである[6]。

以上のような一元論と多元論の特徴づけは、基本的には実在は集合的に存在するのか、あるいは個別的に存在するのかという二者択一の問題に帰着する[7]。そしてプラグマチズムの代表者の一人であるジェームズが多元論に組みしていることはいうまでもない。なぜなら、経験を重視するかれは、多元論は一元論よりも科学的であり、人生を道徳的にドラマチックに表現するのに適していると考えていたからであり、さらに、多元論は、単純な事実の例証だけで多元の事実をほとんど証明することができると考えていたからである[8]。ジェームズの描いた、哲学的観点からする多元論が、これから検討しようとしている政治的多元論とどのように関連するかは目下の問題ではない。かれの多元論がH・ラスキに影響があったことや、同じくプラグマチストとして知られるJ・デューイとA・ベントレーの影響関係も指摘されていることからも[9]、両者に相当程度の相関関係があったことは容易に理解できるが、本論でのわれわれの関心は、政治的多元主義研究の導入部としての多元の観念のイメージを捉えることにあるので、哲学的多元論に、これまで述べて来たようなものがあるというにとどめ、次に政治的多元論の問題に移りたい。

第三節　多元的国家論

政治的多元論が明確に主張されるに至ったのは二〇世紀初頭の各種の政治学説においてであるといってよいであろう。産業社会の発展、資本主義経済の進展は一九世紀から二〇世紀にかけて様々な形での新しい状況をもたらし、それへの対応を要請した。政治領域においても、参政権、労働運動など各種の新しい事態が発生したが、とくに集約的に表われたのは国家と集団をめぐるものであった。

巨大社会の到来は同時に巨大国家の成立を意味する。様々な社会問題の発生は、夜警国家論的政治対応を不可能とさせ国家の役割の増大と国家権力の増大を導く。しかも、他方で、帝国主義の時代は対外的にも巨大国家の形成を加速させ、それに対応しようとする政治思想も現われたのであるが、巨大化した、あるいは巨大化しつつある国家は当時の経済、社会問題に対して必ずしも十分な機能を果さなかった。ここに国家への疑問が生じたのは不思議ではない。この時他方で、集団の噴出の時代の到来は、集団や団体を人々の社会生活の拠り所のひとつとさせる状況があった。この時代の多元論は、文字通り政治的多元論といいうるものであり、ニュアンスの違いはあれ、直接的には国家と集団(機能的なものであれ地域的なものであれ)の位置づけとそれぞれの社会的役割の問題を軸にして論議が展開されたのである。

このような視点から、この時代の多元論をみるとき、様々な形態をとったことは容易に想像できる。サンディカリズム、ギルド社会主義も、国家に限定を加え、結社を評価することにおいて政治的多元論の性格を有しており、社会的条件の局地的相違がそれぞれ異った行政を必要とすると考える行政的分権論、地方感情をベースに伝統的中央集権制に反抗し地方自治を求めようとしたフランスの地域主義、行政の全過程を中央権力の代理人への委託と捉える機能的分権主義など、政治的多元論の性格をもっていたといえる[10]。

このような時代にあって、政治的多元論として、もっとも顕著であり、政治思想史的にも包括的に多元主義を主張したのは、いわゆる多元的国家論者としてまとめられる人々であろう。O・ギールケにはじまるとされる多元的国家論は、法理論に基づくものから、社会学的分析に基づくものまで、その根拠の出し方、概念、結論まで、それぞれの論者がまったく一致しているわけではないが、共通したものをいくらか整理してみると次のようなことがいえよう。

第一に、国家主権の絶対性の否定である。T・グリーン、B・ボザンケなどを通じて新ヘーゲル主義的理想主義政治哲学が形成されたが、その国家絶対論に対する反撃ということに目標のひとつがある。

第二に、従って、主権の可分性ということである。これは国家を唯一絶対の主権者とみることの拒否であるとともに、国家以外の団体も、それぞれの団体の目的達成上主権があるという主張でもある。つまり、国家主権と各種の団体主権には本質的な差異はないとする考えである。

第三に、国家と基礎社会(基盤社会あるいは全体社会)との区別と、前者を基礎社会に存在する部分社会と捉える観点である。R・M・マッキーヴァーに典型的にみられるように、基礎枠は社会ないし基礎社会である。

第四は、集団目的の存在である。それぞれの団体にはそれぞれの目的があるという主張であるが、これを徹底的に追求すると一種の集団アナーキーになるが、多元的国家論者の場合、国家に一定の特殊な役割を与えている場合が多い。

第五は、人格、個性、自由の評価である。多元的国家論者においては、確かに従来の学説に比べて、団体人格や集団への意思集約の面が表面にでるが、同時に社会的存在者としての個人が根底にあることはいうまでもない。たとえば、マッキーヴァーの場合、パーソナリティとコミュニティの関連こそは、この思想を基本的に支えているものであるといえなくもない。

第六は、機能観念の重要性である。つまり、各種の集団が基礎社会内の役割を果すことに機能主義の意味がみられるが、その後の多元論との接点という意味も含めて、社会全体と部分の相関関係という点で注目しておく必要がある。

多元的国家論の大まかな特徴は以上のようなところに求められようが[11]、多元という点にもっとしぼって考えれば、要するに多集団社会の到来した時代において国家との関係をどのように認識するかということであったといえる。この点で、多元的国家論の代表者の一人とされているラスキが自らをかつて多元主義者であったと自認しながら、この時期の多元的国家論を次のように特徴づけているのは注目してよい。

すなわち、第一に、国家主権論者は、国家は法的全能権を要求し、自己の領土権内の社会の総利害を代表するという根拠から市民の忠誠を要求するのに対し、多元的国家論者は、法的全能権は事実上しばしば無効な純粋形式概念であると指摘し、人々の忠誠は多元的であるから先験的に有効ではありえないこと。第二に、国家主権論者が、国家がその意思の背後にすべての正常な場合にその意思に従わせる強制力をもつが故に一元的であると考えるのに対し、多元的国家論者は、国家はいかに強大であっても、社会内の集群のひとつにすぎず、経験上の権力には常に制限があり、その制限は国家が果たそうとする目的と、人がその目的についてなす判断との関連で定まることのなかに本質があると考えること、である。

このように理解するラスキは、多元的国家論者の学説のなかで正しかったと考えるものを、第一に、純粋に法学的国家理論は決して適切な国家哲学の基礎を形成しないという知覚、第二に、国家は倫理的権利や政治的英知という理由では服従を要求する資格は他の集群と同様にないという知覚、第三に、国家の主権は根本的にはそれ自身道徳的に中立の強制を行使することで有効にされた権力の概念であるという知覚に求めている[12]。

ラスキのこのような多元的国家論の特徴づけが適切であるかはともかくとして、この時期の政治的多元論の重要な側面が指摘されていることは理解できるし、そこにジェームズの影響も感じることができよう。

第四節　アメリカにおける政治的多元論の進展

主にJ・フイッギスを中心に『多元的国家論』を研究しているD・ニコルスは、この本のなかで、多元的国家論の政治的多元性を次の三本の柱のうえにたっていたと述べている。つまり、第一に、自由がもっとも重要な政治的価値であり、自由は、権力が一点に集中されている国家においてよりも、むしろ権力が分配され分散されている国家において最高に達成されるという主張、第二は、主権に関するもので、法的主権、政治的主権、道徳的主権概念の拒否、第三に、集団人格観念の存在である[13]。

この評価は、ラスキの理解の仕方とともにこの時期の政治的多元論を理解する場合に興味あるものであるが、多元的国家論者の根底に、近代以降の政治思想上の基本問題として提起されてきた国家と個人、権力と自由の問題があったことをうかがい知ることができる。このことは、この時期の多元論者達が、多かれ少なかれ、規範、価値、評価を出発点として選んでいたということに他ならない。

このような伝統的政治思想の系譜にたつ多元論に対して、同じく現代社会を集団の社会と認識しながら、多元的国家論と一線を画すると主張する多元論が現われた。これはベントレーなどのいわゆる政治過程論に代表されるのであるが、ベントレーの考え方は、その後のアメリカ政治学の主流の原点ともなっているという意味で注目されてよい。

このような立場につながる考え方はベントレーと思想的近親性をもつデューイによって展開されている。かれは、かれの立場を多元的国家論とは異質の多元論であるとし、次のように特徴づける。すなわち、この種の多元論は第一に、ひとつの事実の記述であって、善悪とは無関係な社会集団の存在を確認することであること、第二に、国家の行動に固有な限界を規定したり、国家の活動の範囲をさし示そうとするものではないこと、第三に、従って、国家に先行して設定できうる普遍的命題などは存在せず、国家領域は、批判的に実験的に決定されるべき事柄と考えること、第四に、教会、労働組合、企業、家族などに関しても固有の聖域があるのではなく、それらの存在価値は、それらがもたらす結果によって測定されるのであり、かつその結果も具体的条件に応じて変化すること[14]、以上である。

このような主張には、少なくとも、政治理論上、社会契約説以来続いた政治理論における国家と個人に関する当為の問題が問われないか、あるいはその種の価値論は、国家と個人との関連のなかには直接には組み込まれない形で処理されるべきであるという主張があるとみることができる[15]。そしてこの立場が更に徹底されたものが、ベントレー著『政治過程論』であろう。

それ以前の社会、政治分析を人間の感情、理念、理想の観点から社会を説明しようとする考え方にたつものであり、そのような理論や分析は、視点を限定させ、社会をつぎはぎ的なものとしてしか処理できなかったと批判するベントレーは、社会のトランスアクショナルな認識手法を提唱し、政治の研究対象を集団に求めた。ただし、この場合の集団は、関心に基づいて、人々の一定の部分が社会的に集約されたひとまとまりの活動であるようなかれ独特の集団概念であるが[16]、それはともかくとして、そのような活動状況としての集団がひとつの全体をなし、社会を(従って政治を)構成するとみなされるのであるから、そこには、均衡やバランスをもったひとつのシステムが成立していることになる[17]。

政治社会が様々な活動である集団から構成されているという考えは、政治の多元論思考の系列にあるとみなすことができよう。しかも、ベントレーのシステム、集団、均衡等の諸概念は、その内容がそのままうけ入れられたのではないにしても、その後のアメリカ政治学において重要な政治概念となっている。節をかえてその間の事情をみ、その後の政治的多元論がどのように展開されてきたかをみよう。

第五節　アメリカにおける政治的多元論

前節の意味での政治的多元論の系譜につながる考え方は政治体系論(機能主義政治理論)にみられる。システム、均衡等の概念は、政治体系論の基本的用語であり考え方である。この点で、現代の社会理論や政治理論に大きな影響を与えたT・パーソンズの多元論はこの系統の多元論を見事に表現しているように思われる。

かれにとって、社会理解の基本は社会を社会システムの一形態と捉えることであり、その社会システムを行為システムの一部とみるところにある。行為システムには、それを構成しているパターン維持機能としての文化システム、目標達成機能としてのパーソナリティシステム、適応機能としての行動的有機体、および統合機能としての社会システムが存在することになるが、それぞれのシステムのどれかを中心におけば他のシステムは環境を構成することになる。しかも、各下位システムは四つの機能に応じて更にそれぞれ分化するものとして捉えられる[18]。

そのようななかで、社会の中核となるのは、パーソンズによれば、社会システムの統合的機能を果す社会的コミュニティである[19]。このようなコミュニティには各種の集合体が認められるわけだが集合体の基本的特徴は自己への忠誠を要求することである。しかも、個々人は通例、各種の集合体に参加し帰属している。かくして、一人の個人は別の角度からみれば、集合体へ一定の役割を果しているとみることができる。近代社会は、血族、家族、会社、教会、学校等各種の集合体が増加した社会であるから、ここに役割多元論が成立することになる[20]。

かれの多元論はこれだけではない。そのひとつはかれの社会観と政治の位置づけのなかにも認められる。かれは組織の基本原理を「環境によって要請される様々な要求に関して構造が分化される」[21]ところに求めている。従って、産業社会の進展に歴史の進化をみるパーソンズにとって、現代社会はより機能分化した社会であり、このことはそれぞれの部分が社会全体のなかで位置と役割と権限をもつということでもある。つまり、現代社会は分化された役割部分において境界を維持するわけで、そのことによって政治部分の限定を行なっているわけである。かくして、政治現象は「当該集合体の目標達成のために諸資源を組織し動員する」[22]ことと認識されることによって政治の役割限定が行なわれることにより、多元社会の存在をみようとするのである。

機能や役割の分化という認識は政治プロパーの分野にも適用される。集合目標達成のためには当然なんらかの組織があることになるが、この組織内において、第一に、集合目的や権力、権限の正当さに係わるものの分化、第二に、官僚制のような資源動員機関の分化、第三に、様々な結社の発生が確認されることによって政治構造の分化が主張される[23]。そして、このような分化があるということは、政治体系内において、目標が多様に存在するということであると同時に、それを達成しようとする主体も多様にあるということでもあろう。そこでは、多くの集合目的間の優先順位が問題になることになるが、この状況はまさしく、システムが多元的であることの証拠に他ならない。かくして、政治プロパーの領域での多元性が確認されるのである。

パーソンズの社会体系論は、D・イーストンをはじめとして、政治学のなかに機能主義学派を形成させてきたわけだが、これまで紹介してきたかれの多元論、つまり分化された社会、境界維持、役割分化等は、政治システム論者に共通のものである。しかも、それは、さらに進んで、拡大された形での権力分立の性格を多分に強くもっており、しかも、権力が機能に移しかえられている面を一面もっているところから、そこにこの種の理論の特徴をみることができると同時に、これから検討すべき課題を残しているように思われる[24]。

政治的多元主義者としてしばしば名前を挙げられ、代表者の一人とみなされているR・ダールの場合、客観的事実を重視し、社会に多元性をみることにおいてベントレーやパーソンズらとともに異なるわけではない。若干の違いはあれ、基本線では同一の性向をもっており、同じ思想系列にあるといってもよいと思われるが、かれの場合、民主主義の実現というテーマが強く意識されていることと政策決定の問題が強く表面にでるところに特徴がある。

ダールにとって、政治の基本テーマとなっているのは民主主義であり、その目標とするところはマディソニアンデモクラシーと人民民主主義の克服にある。『民主主義理論の基礎』のなかでかれは多くの少数者集団から成る政治社会を描き多頭政民主主義(Polyarchal Democracy)を唱えた[25]。この主張とほぼ同一の線にそって描かれたかれの多元的民主主義像が『合衆国における多元主義デモクラシー』である。ここでかれが提起している基本問題はコンフリクトと同意とをどのように民主主義理論のなかで位置づけていくかということである。

かれによれば、政治社会の基本的出発点は人間社会にコンフリクトが不可避であるということである。従って、これへの対応が様々な政治思想なり、政治形態の提案なりを提出させると考えるのである。コンフリクトがあるということは、しかしながら、人間社会がまったくの無秩序に陥いるということではない。なぜなら、人は仲間との共同生活への欲求をもつからである。このような人間性は共同生活を形成させるのであるが、人間に内在するこのふたつの本来的属性が不可避的なものであるとするならば、結局のところ、共同社会が成立するようにコンフリクトを調整できるようにすればよい。このような努力の過程が社会に存在するところにダールは政治の特性をみようとする。その結果として現われるのは政治制度の選択ということになるが[26]、少なくとも貴族政治を選択しない限り、民主政治を採らざるをえない。

ところで、民主主義の基本は最終的に被治者の同意を求めるところにある。そのような同意契機の評価如何がかれの多元民主主義の評価となる。ダールによれば、被治者の完全な同意を獲得するというのは、主張するのはやさしいが、実現に移すのは大変に困難である。なぜなら、人々は必ずしもすべての問題に関して常に同意するとは限らないからである。従って、解決法があるとするならば、いくらかの不同意の存在を前提にしたものということになる。このような基本認識から出発するかれは、問題の解決の場を決定方式のうちに求める。この場合、その方式のひとつに多数決が考えられるわけだが、かれはこの方式が常に適用されることを評価しない。なぜなら、この方式は少数者の問題を十分に解決しえないと考えるからであり、様々な問題を引きおこすと考えるからである[27]。このような議論の後、かれが提起するもうひとつの解決方式が多元的民主主義であり、多頭政民主主義なのである。

ダールにとって、かれのイメージする多元政治は現実の状況をどのように認識するかにかかっている。かれは社会を必ずしも完全無欠な論理性、一貫性、統一性をもつものとしては捉えない。しかもかれにとってそのような社会特性は問題点というよりむしろ積極的に評価すべき事柄として認識される。アメリカ社会をその種の社会と考えるかれにとって、多元社会は、第一に、国内における統合を重視し、共通の近隣感覚をつくりだす努力をする社会であることから、少数者達が疎外されたり、国外への脱出を考えたりすることは普通の状態ではありえず、そのような人達すら常にといってよいほど国民感覚をもちつづけること、第二に、多くの政策問題は、公権力の権限外に属すること、つまり、政府が介在する以外の場で処理されることが多くあること、第三に、同じく、多くの政策問題が民間組織、半官半民団体、地方公共団体に任せられていて、国家レベルでの画一的政策が適切でない場合、同じ考えをもってい る法的にも独立を保証された人々によって政策が遂行される傾向があること、第四に、人々が、好ましくない国家政策によって被害をこうむったり、あるいはその危険があるときは、その政策の成立を妨害したり、代案を提出したりする機会や力をもつことに特色が見出される社会である。

このような社会像を描くかれの政治社会はもはや明らかである。第一に、単一中心性をもつ主権的権力の代りに、どのひとつも全体的に主権者であることを主張しないような多中心的権力状況の存在、第二に、唯一の正当な主権者である人民でさえ、絶対的主権者であってはならないこと、従って、多数者もまた絶対的主権者であってはならないことに特色を求めるかれの描く政治像は多元政治であり、そこでは、第一に、権力が相互に拮抗して存在するだけに、権力そのものが抑制され、教化され、コントロールされ、高度な人類目標に向けられ、強制は最低限度に減じられること、第二に、少数者すらも、極端にかれらの意思と対立する決定に対して拒否権を行使する機会を与えられることにより、長期的には全体の同意が得られること、第三に、政策を行うべく、各権力所有者間にたえず折衝が行なわれるところから、市民も指導者も、コンフリクトを平和裡に、しかも、どちらか一方の利益のためでなく、すべての関係者の利益のために処理する方法を得ようとするということが確認されるのである[28]。

現在のアメリカ政治学に支配的な政治的多元論はこの他にも挙げることはできるが、細かな論点を別にすれば、この節で紹介した両者の議論のどこかに接点をもっていると考えてよいであろう[29]。つまり、論者の観点、焦点によって論述や評価は異なるが、多元論者のもっている主張点の大枠に大差はなく、そこにこの論者達への批判も集中されている。従って、この節で述べてきた多元論者の論点のそれぞれは十分に確認しておく必要がある。

第六節　おわりに

政治理論史にみられる代表的ともいってよい政治的多元論をみてきた。政治的多元論あるいは政治のなかに多元性をみる思想ないしは現実認識はこの他にも挙げることはできるであろう。たとえば、国際政治は、国家を単位とした多元の世界とみることができるであろうし、封建社会は、割拠社会といった方が適切とはいえ、統一性の欠如という点に注目すれば一種の多元的政治社会といえなくもない。しかし、現代政治理論の問題として、政治的多元論を問題にするとすれば、一定の地域枠を前提にした政治社会のそれであろう。すなわち、そこでは、多かれ少なかれ一定の地域枠のなかでの統合の問題が提起されており、政治的多元主義者の主張ないし実態認識は、政治の多元的統合ということのうちに表明されている。

ところで、政治的多元論は、結構様々な形で問題提起されているにもかかわらず、これへの研究は必ずしもよくなされているとはいえない。これは、ひとつには、政治的多元論が、多元論そのものの問題としてよりも、他の理論の要素の一部として処理されやすいことに原因がある。政治的多元論がこれからの問題として政治論上どれほどの有意義性を有するかは別にして、この名の下にくることのできる議論がかなりあることは確かであり、それらの評価のためには、もっと詳細な分析が必要であろう。ここではとりあえず、序論的な意味で、この立場にたつ諸説のうち、代表的なものとみることのできるものを紹介することにより、そのイメージを捉えておこうとしたにすぎない。

注

1 『哲学事典』平凡社、一九六八年、七七四頁。また、『世界大百科事典』平凡社、一九六八年、三六九頁参照。

2 William James, A Pluralistic Universe, Gloucester. Mass. Peter Smith, 1967, pp. 7-8.

3 ibid., p. 313.

4 ibid., pp. 321-324

5 ibid., p. 324.

6 W・ジェームズ「哲学の根本問題」『世界の名著 パース、ジェームズ、デューイ』中央公論社一九六八年、三二五〜三四三頁。

7 同書、三二六頁。

8 同書、三四一頁。

9 原田鋼『西洋政治思想史』有斐閣、一九六二年版では、ラスキへのジェームスおよびデューイの影響が指摘されているし(四一八頁)、デューイとベントレーに関しては多元論批判の立場から、Myron Q. Hale, The Cosmology of Arthur F. Bentley (The Bias of Pluralism, edited by William E. Connolly, Atherton Press, Inc., 1969) pp.35-50. のなかに両者の関係が指摘されている。

10 この間の事情については、前掲『西洋政治思想史』四〇三〜四〇九頁参照のこと。

11 多元的国家論に関する文献は数多くあるが、要約的に整理されているものとしては、『政治学事典』平凡社、一九六四年、『世界大百科事典』平凡社、一九六八年、蝋山政道『日本における近代政治学の発達』ぺりかん社、一九六八年などがある。

12 H・ラスキ(日高明三・横越英一訳)『政治学大綱』法政大学出版局、一九六九年、上巻一二〜一五頁。

13 David Nicholls, The Pluralist State, The Macmillan Press Ltd., 1975, p. 11.

14 Ｊ・デューイ(阿部斉訳)『現代政治の基礎』みすず書房一九六九年、八五〜八六頁。

15 このことは、デューイが、真理、個人、国家、民主主義等を自らの課題としなかったということではない。むしろ、同書はまさしくこれらを論題としているのであるが、その理解の仕方が、従来の視点とは根本的に異なっていたということである。伝統的理解では、市民の同質性、個人の自律性や自己統合能力、自然調和、私的領域と公的領域を質的に区別することによる公的領域の限定等を柱に近代市民社会の論理に基づいた個人と国家の緊張関係を軸にした議論が展開されてきたのであるが、現代社会を大衆の政治参加、個人の異質性、公的領域の拡大による質的相違の消滅、要するに大衆社会における政治にみ、方法論的にはプラグマティズムを主張するかれの場合、近代市民社会論的問題意識は現代社会理解にとって不適切なものとされ、国家や民主主義の問題も公領或における緊張関係を伴う個人と国家という面は消失し、むしろ、公的領或・私的領域を共にふくむ社会のなかでの問題として把握されるに至るのである(この間の事情については、訳者の「あとがき」が参考となろう)。

16 Arthur F. Bentley, The Process of Government, The Belknap Press of Harvard University Press, 1967, pp. 211-213.

17 ibid., p. 211, pp. 218-222, pp. 259-268, pp. 273-274.

18 Talcott Parsons, Politics and Social Structure, The Free Press, 1969, p. 8.

19 ibid., p. 11, p. 40.

20 ibid., p. 41.

21 ibid., p. 9.

22 ibid., p. 45.

23 ibid., p. 339-340.

24 Ａ・レイプハルトによれば、権力分立理論とＧ・アーモンドの機能的アプローチの主な相違点は、前者が統治のフォーマルな部門に限定しているのに対し、後者が、それ以外に、政党、利益集団、コミュニケーションメディアなどのインフォーマルなものに拡大している点にある。さらにかれはアーモンドの理論に権力を機能に読みかえている面があると指摘している(内山秀夫訳『多元社会のデモクラシー』三一書房、一九七九年、二一頁)。

25 Robert A. Dahl, A Preface to Democratic Theory, University of Chicago Press, 1956.　参照。

26 Robert A. Dahl, Pluralist Democracy in The United States: Conflict and Consent, Rand McNally & Company, 1967, PP. 6-7.

27 ibid., pp. 15-17.

28 ibid., pp. 22-24.

29 政治的多元論のイメージを描くという本論の目的からすれば、エリートの位置づけ、権力分散、集団均衡等がもっと紹介される必要があると思われるが、これらに関しては、他の論題も含めて、もっと詳細な分析が必要なので、本論ではこれ以上は立入らない。この節での多元論をよく整理しているものに Thomas R. Dye & L. Harmon Zeigler, The Irony of Democrcy, Duxbury Press, 1978, や Sandor Halebsky, Mass Society and Political Conflict, Cambridge University Press, 1976 がある。また Karl Loewenstein, Political Power and Governmental Process, The University of Chicago Press, 1565. や J. Roland Pennock, Democratic Political Theory, Princeton University Press, 1979 等の多元論や多元性の認識なども興味あるものである。

補論2　政治的多元主義者の社会観

第一節　はじめに

政治的多元論といっても、政治理論的には、多元的国家論と現代アメリカに支配的な多元論とでは相当程度の相違があることは否めない。それにもかかわらず、政治的多元論の名の下にこれらを整理したとしても不当とも思われない。事実、民主主義論としてみた場合、他の民主主義論と比較したとき、同質的なものを多くもっており、また、この種の理論が現われるのには、共通の社会、政治状況が十分に予想できるからである。当然、相違点とともに共有する部分もあることになるが、政治論の検討に入る前に、政治的多元主義者のいく人かを取り上げることにより、この理論を支えているもの、あるいは根底となっている社会観を確認しておきたい。

第二節　政治と多元論

政治的多元主義者達がもっとも共有できる部分は集団の出現とその政治的作用の認識であろう。集団の噴出、多集団社会などの言葉に示されるように、その出発点となっているのは、多様かつ多数の集団や団体の出現であり、この事実の積極的位置づけにある。

資本主義経済の発達、産業社会の進展、伝統的社会からの脱皮は人々にそれ以前の社会にみられない新たな社会行動をとらせる。このような社会行動あるいは社会の変化は、すでに、F・テンニエスの『ゲマインシャフトとゲゼルシャフト』[1]やE・デュルケームの『社会分業論』[2]等で描かれたものであった。K・マルクスは新しい社会である資本主義社会を克服すべき対象として捉え、根本的な変革を主張した。しかし、その後の社会は、少なくとも資本主義諸国において、より一層の社会分化を促し、政治、経済、社会、文化の各方面にわたる多種多様な集団を輩出させたのであった。

政治的多元論に共通なのはこのような集団社会状況を事実として受容するだけでなく、積極的な社会的役割をもつものとして捉えようとしたところに特徴がある。たとえば、G・コールにとって、社会とは「基礎社会内部の組織された団体と制度の複合体」[3]を指すが、「社会はもっぱら人間の組織的協力に関係するものであり」[4]社会の発展は、「基礎社会内部のさまざまな機能的団体のよりよき結合とより調和ある関係のうちに求められる」[5]とされたのであり、R・M・マッキーヴァーにおいては、人々はかれらの欲求を充足するために仲間と多様な関係つまり組織をつくるが、各種の集団が秩序立った自由な共同社会生活を相互調整のうちに達成できるのは近代に至ってからであると確認されることで[6]このことは主張されたのである。

同様のことはＡ・ベントレーやＪ・デューイにも認められる。ベントレーの『政治過程論』は政治現象が集団活動の反映であることの主張であった。そのことは、法律という形をとろうと個々の政策という形をとろうと構わない。すべての結果は集団活動の函数として描かれたのである[7]。デューイの場合、社会は無数の連合関係から成るものとして描かれた。スポーツ、社交、科学、職業等様々な連合関係が様々な利害関心のもとで事実として存在するまさにその事実が社会なのである[8]。そのような集団状況のなかにあって、かれが理想とするものは(この場合、民主主義であるが)、「個人の立場からは、彼の属する集団の活動を形成し方向づけるに際して、彼の能力に応じて責任ある参加を行なうこと、および彼の必要に応じて集団の維持する価値の分配にあずかることのうちにある。集団の立場からは、それは共通の利益と善との調和を保ちつつ集団の成員の潜在能力の解放を要求することにある」[9]とされる。ここにもまた集団の積極的な評価がみられる。

現代の多元論者の場合、集団の現代社会での評価はむしろ自明ですらある。社会分化と社会の適応能力に発展の基準をおく[10]Ｔ・パーソンズはもちろんであるが、政治社会の多元状況を評価する論者は、むしろ多数集団の事実を前提として、それの政治的意味づけを行なうのが一般的である。この点は、Ｗ・ケルソーがレッセ・フェール多元主義者[11]と名づけたＲ・ダールにおいても顕著にみられる。

このようにみていくと、多元論者や政治的多元主義者の社会像がイメージできる。それは、基本的には、産業社会の進展のうちに社会の動向をみようとするもので、そこにみられる集団現象を単に肯定するだけでなく、現代社会の有力な主体要因としてうけとめ理論化しようとする試みであったといえよう。

第三節　二〇世紀と政治的多元論

実態としての多種多様な集団が存在していることは現代社会に普通にみられることであり、このこと自体はだれも否定できないことであるにもかかわらず、多元論者達が、この面を強調するのはなぜであろうか。この点で注目してよいのは、政治に多元性をみる考え方が二〇世紀初頭に脚光を浴びてから、その後それ程問題にされなかったにもかかわらず、近年に至って再び話題になってきたことである。

二〇世紀初頭、多元的国家論が論じられていた時期は、時代的には、第一次世界大戦が発生するほどの転換期であった。このような時代にあって、それ以前に求められた国家に理想像を求める政治思想に疑問がなげかけられたのは不思議ではない。国家を軸にした政治社会像は、多元的国家論者をはじめとする理論家達によって、その論拠に疑問がなげかけられるとともに、新たな政治像の構築が要請されたのである。

それまでの政治社会を支えあるいは求められていた神話に疑問が呈せられ、新しい思想像が求められるという意味で現代は同様の時代的要請に直面している。西洋民主主義をベースに構築された戦後政治像は、当の欧米を含めた各国における経済運営の困難、暴動の発生、都市病理の深刻化などをもたらし、近代化論にみられたような単線的な発展論に疑問がなげかけられただけでなく、西洋民主主義そのものの現代的意味すら問いただされている。

このような事情は、いわゆる自由主義圏のみならず、社会主義圏についても指摘される。かつて、革命家達の理想としてイメージされてきた社会主義、共産主義思想も、現実の世界での様々な問題の発生が伝えられるとともに、明らかに説得性を欠いてきている[12]。

このような時代に、往々にして、性急な解決を求める思想が現われがちであるが、多元論者達はそれとは対蹠的な態度をとる。その理由は、たとえば、多元的国家論者の場合、一元的国家論への疑問という直接の対抗理論があったということにもよるが、それだけでなく、かれらの基本的姿勢に経験を重視し、科学的成果に拠った理論構築が求められていたことにもあると思われる。

このことは現代の政治的多元主義者はもちろん、デューイ、ベントレー、そして多元的国家論者に共通にみられるものであり、それぞれの論拠は異なるにしても、いずれも単なる理念論や目的論でないことからも明らかであるし、このような点が、われわれが、この種の理論を題材にする理由のひとつでもある。

第四節　政治的多元論の社会哲学

多元論者や政治的多元主義者が経験と科学を重視する立場にたった議論であることを指摘してきたが、このことは、多元論が価値や評価の問題に入りこんでいないということでないのはもちろんである。社会科学における価値や評価の問題はM・ヴェーバーの社会科学の認識の客観性論に戻るまでもなくたえず考量しておかなければならない問題であり、事実、政治的多元主義者達は、いずれも政治における民主主義を主張しているのであるから、この問題に無縁であるはずがない。当然、われわれは、政治的多元論の民主主義論史および民主主義理論としての位置を確認する必要があるが、この問題は本論の課題をこえた問題であるので、他日に期し、ここでは政治的多元主義者に共通なものの特徴を更に検討しておきたい。

補論1で、われわれは、プラグマチストのW・ジェームズが一元論との対比で多元論を論じているのを紹介した。

くり返しを避けるため、多元論の特徴とされているものを要約すると次のようなものであった。すなわち、第一に、経験を重視し、それをありのままにうけとめ評価すること、第二に、部分や個性、従って、個人に理論的出発点をおき自由意志を尊重すること、第三に、妥協、調整、従って改善論的性格を本来的に有していることであった[13]。価値や評価との関連で捉えるならば、この問題は第三の特徴に係わることになるが、それは、かれらの社会理論に均衡や調和の思想があるということでもある。

マッキーヴァーの民主政治論を論じたさいに、われわれは、かれの社会哲学として調和的発展という観念があることを指摘した。その場合、かれの理論の出発点になっているのが、社会的個人の観念であり、その種の個人がもつパーソナリティ(人格)とそれを構成している個性と社会性の存在と両者の開花のうちにこの思想が主張されていることをみた[14]。この時期の多元論者の場合、マッキーヴァーほどこの面が強く主張されているわけではないにしても、多かれ少なかれ、この種の観念が根底にあったとみてよいであろう。なぜなら、マッキーヴァーの社会的個人の観念はコミュニティと関連するのであるが、コミュニティの存在はこの時期の多元論者達が共有するものであったからである。そして、このような基礎社会としてのコミュニティの発展に関しては一定方向の評価がみられる。たとえば、同じく基礎社会を重視するコールは「社会の最高の発展は単に社会生活の組織化されうるあらゆる領域にわたって団体と制度を一般に普及させることばかりでなく、他のものとの調和と合意のもとで社会の内部においてそれぞれの固有の機能を果たすあらゆるさまざまな団体の調和的協力に存している」[15]と主張しているのである。

多元的国家論においてもそうであるが、デューイやベントレーにとって、目標とし現実のものと考えられる状況は、人々が同時に多数の集団の成員であることである。このような状況のなかで、人々が社会的目標を達成するためには「多様な集団が他の集団と柔軟にかつ十分に影響しあうように関係づけられ」[16]なければならず、そのときにはじめて、

「多様な集団間の作用と反作用とは相互に集団を強化しあい、彼らの価値を調和に導くから、統合された人格の充実も達成されうるものとなる」[17]。ここにもまた発展と調和の両立を読みとることができるのである。

現代の多元論者の場合、科学的体裁をより濃くしているだけに、この種の思想的表明はどちらかといえば稀薄である。しかし、しばしば指摘されるように、システム論が、システムの維持という要請から、システム均衡が前提として求められていることは容易に理解できるし、このことは、若干の相違はあるとはいえ、形を変えた調和的発展の主張ともいえる。つまり社会体系は行為体系の維持のために、政治体系は社会体系の維持のために機能するのであり、母体となる体系が形をなさないとき、システムそのものが存在しないのであるから、均衡や調和は本来的に存在しなければならないものと考えられていることになる。ダールの場合もまた思想としてはこの面はあまり表面にでてこない。しかし、かれの政治の理想像である多頭政民主主義が均衡を想定していることは、自由の増大と参加の増大の均衡状況のうちにその姿をみていることからも十分に予想できる[18]。

かくして、多元論のうちに均衡や発展の観念が、少なくとも暗黙のうちに想定されていたことをみた。この種の観念はかれらの政治論に色濃く影をおとしていたことは否めない。それはかれらが政治論を論じる際の各種の概念、照準枠、評価に相当程度の作用をしているのである。

第五節　おわりに

多種多様な集団の増大ということは、単に社会集団が増加したということだけでなく、人々の関心が増大し、複数の団体への加入がごく自然にみられるということでもある。この点は多元論者たちが共有するものであり、人々の社会的進歩につながるものと考えられていることでもある。個人と集団・団体とのこのような係わり方はただちに政治的多元論に結びつくわけではない。なぜなら、政治社会が多元的であるかどうかは集団の数の多寡だけによっては決められないからである。それは権力関係、政治意識、政策の結果等の検証があってはじめて確認できるものであって、予め決められるものではない。

それにもかかわらず、この種の確認を試みたのは、政治的多元主義者達の照準枠、概念等にかれらの社会観が大いに影響しているように思えるからである。

現代は政治化の時代とさえいわれている。あらゆる社会問題が政治問題化する可能性をもつ現代社会において、政治の分析を試みようとするものは、たえず社会への広範な関心をもつことを要請される。このことは、われわれが政治学プロパーの領域を取り上げるさいに、常に社会の問題に心を配っていなければならないことを意味する。他方この学問にとくに要求されるこの種のことが、政治学を学ぶものにとって困難を感じさせていることも事実である。

政治的多元論は時代的にも、民主主義論としても、一定の枠組のなかで成立しているのであって、決して、現代政治の分析のすべてをカバーしている訳ではない。しかし、多元論は、考えようによっては、もっとも現代らしさをもった政治論でもある。世俗化、価値の相対化、科学的であることの要請、価値や評価の不可避性等、現代社会科学は、どのような主張をしようとも、これらのことをとりあえずは視野のなかに入れながら検討することをせまられている。多元論はこの点でひとつのパターンを示しており、研究材料としてもかなり興味を起させるものがある。多元論の社会観を検討するという本論の題材として、政治的多元主義者のなかでもとくにこれらの諸要素をより多くもっている論者を中心に取り上げたのもそのような理由からである。

注

1　F・テンニエス（杉之原寿一訳）『ゲマインシャフトとゲゼルシャフト』岩波書店、一九六五年、参照。
2　E・デュルケーム（井伊玄太郎・寿里茂訳）『社会分業論』理想社、一九六八年、参照。
3　G・コール（野田福雄訳）「社会理論」（『世界思想教養全集・イギリスの社会主義思想』河出書房新社）一九六三年、二二〇頁。
4・5　同書、二二一頁。
6　R・マッキーヴァー（秋永肇訳）『政府論』勁草書房、一九六一年、四九三〜四九八頁。
7　Arthur F. Bentley, The Process of Government, The Belknap Press of Harvard University Press, 1967, 参照。
8　J・デューイ（阿部斉訳）『現代政治の基礎』みすず書房、一九六九年、八一頁。
9　同書、一六六頁。
10　Talcott Parsons, Politics and Social Structure, The Free Press, 1969, pp. 24-33.
11　William Alton Kelso, American Democratic Theory, Greenwood Press, 1978, p. 13.
12　この点で、マルクス主義政治学を目ざす側から多元論への接近がみられるのは興味深い（田口富久治著『先進国革命と多元的社会主義』大月書店、一九七八年、参照のこと）。
13　拙稿「政治的多元論」（『高千穂論叢』第一五巻第二号。
14　拙稿「R・M・マッキーヴァーの民主政治論」（『高千穂論叢』第一〇巻第一号）。
15　前掲「社会理論」二二一頁。
16　前掲『現代政治の基礎』一六六頁。
17　同書、一六六〜一六七頁。
18　Robert A. Dahl, Introduction,（Regimes and Opposition, Yale University Press, 1973, pp. 1-25）.

あとがき

本書は『高千穂論叢』において発表してきた論文に新たにふたつの論文（序章と第八章）を加えた論文集である。過去に書いた論文については、それぞれの論文が一応の完結を念頭において書かれ、書いた時期も異なるところから、重複している部分もかなり見られるのであるが、各論文を書いた時点の問題意識やその時々に感じていたものを大切にしたいと思い、必要最低限の修正と加筆にとどめ、基本的な部分の変更は行わなかった。初発の掲載号はそれぞれ第一章（第一〇巻第一号）、第二章（第一一巻第二号）、第三章『第二六巻第四号』、第四章『第二七巻第三号』、第五章『第三一巻第三号』、第六章『第二五巻第三号』、第七章『第三二巻第三号』、補論一『第一五巻第二号』、補論二『第一六巻第一号』であるが、各章のタイトルには若干の変更がある。

右記の巻・号からも分かるように、これらの論文はかなり長期にわたってその時々に書いてみようと思ったテーマについて書いてきたものであり、また、一冊の著書としてまとめることを想定して書いてきたわけではないため、全体像が分かりにくくなっているのではないかと思ったことと、これらの論文において、マッキーヴァー理論の理論史上、思想史上の位置づけについてあまり言及をしてこなかったことを思い、序章を設け、政治思想史・政治理論史（政治学史）、多元的国家論、社会学史の三点から、かれの理論の概略的位置づけを行ってみた。

本書の目的はマッキーヴァー政治理論の特質を浮かび上がらせることとかれの理論の現代政治への適用可能性を探

ることにあるが、特質としては、出発点が日常人を対象としていること、政治理論の前提に社会理論があったこと、コミュニティ論や人格論が重要な位置を占めていること、コミュニティ論絡みの多元的国家論であること、オーソドックスなリベラリズムの系譜につながっていること、調和的発展の思想があったこと、世界社会をも展望した理論であったことなどが指摘できる。これらの特質はとかく政治プロパーの領域に視野と研究対象を限定しがちな政治学において、政治現象や政治問題を見るときの社会観や社会理論の必要性を改めて考えてみるきっかけを与えるのではないかと思う。

ところで、マッキーヴァーについてであるが、この名前を聞いたのは学部在学中である。当時は西洋政治思想史、政治学原論、外書購読などの授業で挙げられた数多くの西洋政治理論家の一人という印象であった。その後、大学院に進み、ある日、神田の古本屋街を歩いていたら、ある洋書の古本屋でかれの著書 Community をみる機会があり、その本を購入した。しかし、当時、マッキーヴァーに特別関心があったわけではなかったので、購入しただけでそのまま埃をかぶっていたのが実情である。その頃は、社会科学認識論的なことに悩み、その関係の本はかなり読んだのであるが、政治理論や社会理論の著作を読む状態になかったからである。

同書を初めて読んだのは大学関係に就職してからだったと思う。自身の方法論が固まらないまま、ある日、たまたま同書を手にした。最初はよく理解できなかったが、その後、何回か目を通してみると結構興味あることが書いてあるような感じを持った。この時を境にマッキーヴァー理論について考えるようになり、現在の職場の論叢で最初に書いた論文が「R・M・マッキーヴァーの民主政治論」である。それ以降は、他のテーマに取り組んでいるときでもかれの理論のことも常に考えており、かれの社会理論や政治理論をどこまで活用できるかを考えてきた。そして、かれの理論のそれぞれについて考えがまとまった時に論文としてその都度書いてきたのである。

本書の議論でマッキーヴァーの政治理論や社会理論についてすべてをカバーできているわけではない。本書で取り上げたかれの著作は、主要著作であるとはいえ、極めて限られており、かれの政治・社会理論の全体像を捉えようとすれば、かれの他の著書や論文も取り上げる必要があろう。また、テーマとしても、経済社会論や政治・社会理論と政治論評の関係など他に取り上げてよいテーマもある。このような課題があるにもかかわらず、今回、著書としてまとめてみようと思ったのは、本文でも何回も述べたように、われわれの主な関心のひとつが、マッキーヴァーの政治理論の特性にあり、かれの理論は若い頃からぶれが少ないところから、一貫性が保たれており、その意味では、本書で取り上げた諸章でその特性が十分に理解可能であることと、一冊にまとめることによって一応の区切りをつけておくのもよいのではないかと思ったからである。

先のような事情で、マッキーヴァーへの関心は全くの偶然のきっかけで始まり、その後もかれの理論その他について誰かに教えてもらったとか、誰かから示唆や刺激を受けたりしたということはない。ただ、大学院時代の恩師である故秋永肇先生の翻訳書に『政府論』があり、ご著書『現代政治学』でもマッキーヴァーが取り上げられているところから、無意識のうちに刺激を受けていたのかも知れないと思うことはある。その意味も含めてマッキーヴァー研究の第一歩を導いて下さった秋永先生に先ず感謝申し上げたい。

これまでの研究生活の中で多くの先輩、同輩、後輩の方々のお世話になった。これまでに単著二冊を出版しているが、感謝の意を表す機会を失していたのでこの機会にお礼を申し上げたい。そのなかでも特に、本田弘日本大学教授、安世舟大東文化大学教授、影山弥郡山女子大学教授、吉永雄毅九州産業大学教授には苦難の時代に就職等でご助力いただいた。心よりお礼申し上げたいと思う。

また、大学院への進学、その後の不安定な生活の連続で多大の心配をかけてしまった両親にお詫びとお礼を申し上げる。父親はすでに他界しているのであるが、両親には随分心配をかけてしまった。また、妻通江には、私のマイペースの生活と行動にあきれながらも、好きなようにさせてもらっていることに感謝している。

本書出版の直接のきっかけとなったのは藤本一美専修大学教授から出版を勧められたことである。そのときに紹介されたのが株式会社東信堂であった。藤本教授に感謝するとともに、出版を快く引き受けて下さった同出版社代表取締役下田勝司氏と、出版に当たって索引作成、校正などで多大のご苦労をいただいた同社の向井智央氏に心よりお礼申し上げたい。

本書出版にあたって勤務先である高千穂大学より出版助成を受けた。大学と同僚諸氏に感謝申し上げる次第である。

二〇〇五年三月

町田　博

人名索引

ア行

カ行

サ行

タ行

ナ行

ハ行

マ行

ラ行

マ行

ヤ行

ラ行

タ行

ナ行

ハ行

事項索引

ア行

カ行

サ行

著者紹介

町田　博(まちだ　ひろし)

1965年　明治大学政治経済学部卒業
1970年　明治大学大学院政治経済学研究科博士課程中退(単位取得)
1972年　アレン短期大学助手
1975年　高千穂商科大学専任講師(助教授を経て)
1986年　高千穂商科大学教授
2001年　(校名変更により)高千穂大学教授(現職)

著書
『地域開発序論』(多賀出版、1999年)
『市民と政治社会』(創成社、2000年　改訂版、2004年)
『地方分権下の地方自治』(共著、公人社、2002年)
『政治思想とデモクラシーの検証』(共著、東信堂、2002年)

R.M.MacIver's Political Theory and Political Pluralism

マッキーヴァーの政治理論と政治的多元主義

2005年3月31日　　初　版第1刷発行　〔検印省略〕

＊定価はカバーに表示してあります

著者 ⓒ町田博／発行者 下田勝司　印刷・製本 中央精版印刷

東京都文京区向丘1-20-6　郵便振替00110-6-37828
〒113-0023　TEL (03) 3818-5521(代)　FAX (03) 3818-5514
発行所 株式会社 東信堂

Published by **TOSHINDO PUBLISHING CO., LTD.**
1-20-6, Mukougaoka, Bunkyo-ku, Tokyo, 113-0023, Japan

ISBN4-88713-600-5 C3031

E-mail:tk203444@fsinet.or.jp